自分を愛する本

kai×服部みれい

河出書房新社

自分を愛する本

kai×服部みれい

河出書房新社

チャクラって、知ってる？
チャクラは、プラーナ（生命エネルギー）を
からだに取り込むための扉のようなもの。
チャクラがあるから、
私達は動いたり、考えたりできるんだよ。

でもショックなことや傷つくことがあると、
チャクラの扉が閉まってしまう。
壊れて開きっぱなしになることも。
そうなると、プラーナがうまく取り込めなくなって
行動や思考が不自然になってしまうんだ。

特に、おなかの下にある
第2チャクラが傷ついて乱れていると、
こころの中はいつも不安でいっぱいになる。
「自分らしさ」がわからなくなって、
自分のことも嫌いになっちゃう。

第2チャクラが整えば、
こころはいつも安心で満たされる。
自分らしくいられるようになって、
自分のことを愛せるようになる。

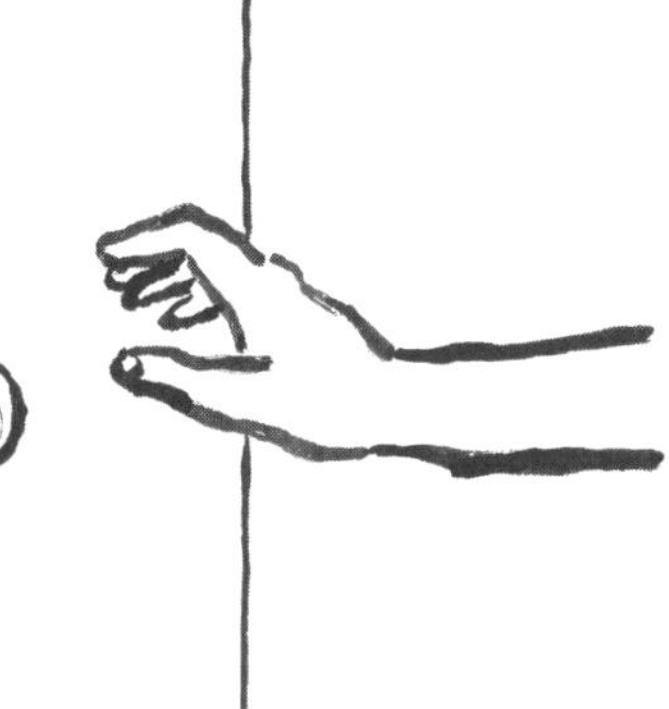

自分が自分のおかあさんになったつもりで
第2チャクラを大切にケアしてあげよう。
自分の手で「私」を取り戻すんだ。

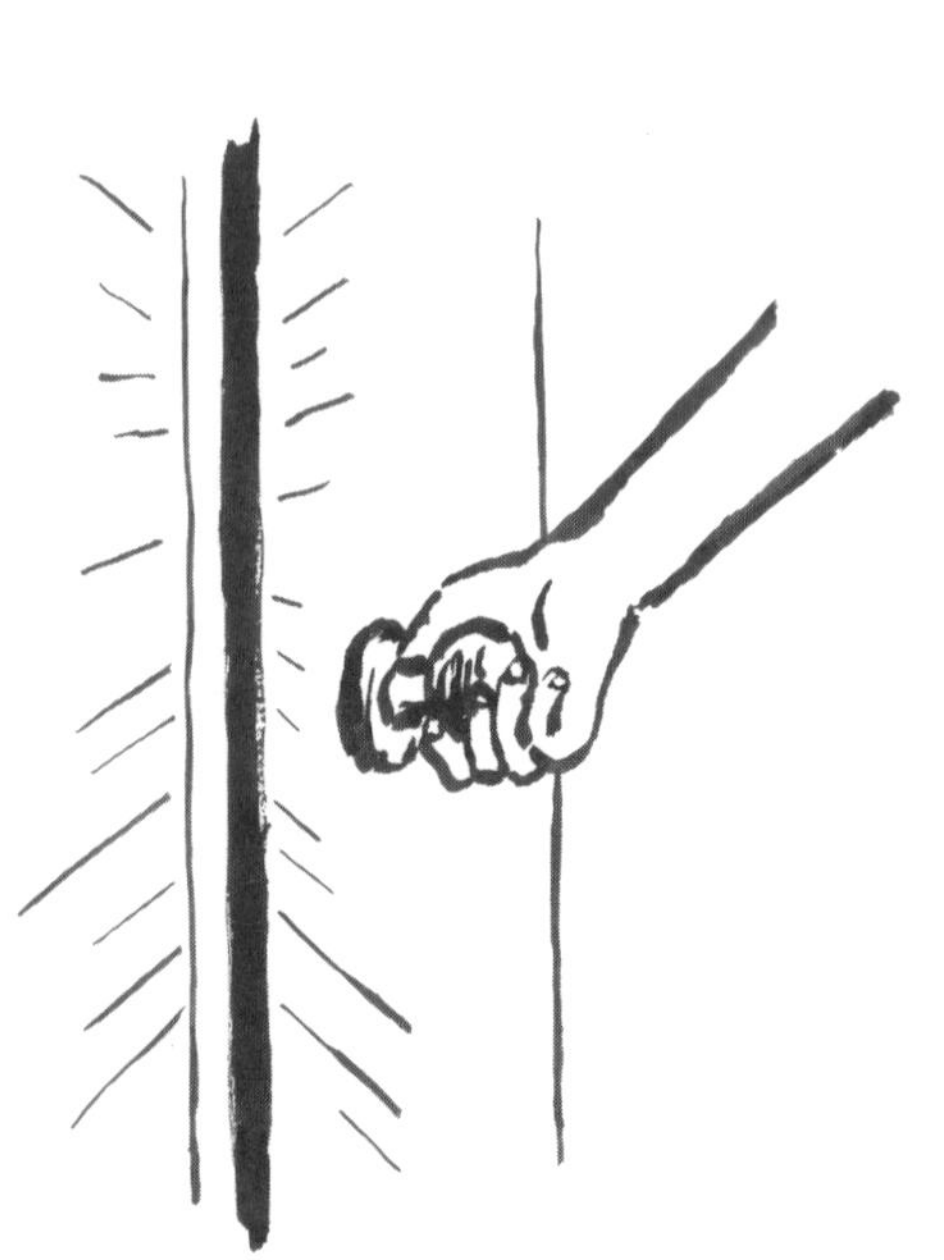

まえがきのかわりに

みなさん、こんにちは。服部みれいと申します。このたびセラピストでアーティストのｋａｉ（かい）さんと本を書かせていただくことになりました。

これまでわたしは、自分で自分の心身をケアする方法を実践し、その体験を本や雑誌を通してご紹介してきました。そんな活動を続けて、15年くらいになります。……と、そんな中、人がより進化したり、心身の不調、病的な状態から治癒するには「自分が自分を愛していること」がとても大切だ、ということに行き着きました。そうしてとうとう約3年前に、究極の知恵にであってしまったのです。ｋａｉさんによるチャクラのお話です。今回、満を持してご紹介するｋａｉさんのチャクラの知恵は、大袈裟（おおげさ）ではなく本気で、全人類に知っていただきたい知恵だと感じています。

なぜ今、このｋａｉさんのチャクラの視点がわたし達の助けになるのか。そして数あるチャクラの中でも「第2チャクラ」がなぜ今大切なのでしょうか？

今、世界は大激動の時代。また、ますます「個」の時代になっています。そんな中、「今こそ、私が私を取り戻す時」だと感じるからなのです。誰かの承認を過剰に求めたり、何かにやたらと依存したりしなくても、またたとえまわりでどんなに混乱があろうとも、自分を信頼して地に足をつけて立てるとしたら……本当に本当に、安心ですよね。


実は、こういった「私が私であること」のヒントが、第2チャクラに潜んでいるらしいのです。そう、私を愛するための鍵が第2チャクラにあるのです。

東日本大震災がきっかけとなって、霊的な感性がはなひらいたｋａｉさんは、そのスピリチュアルな感性を活かしたアート制作や執筆の活動と共に、チャクラや瞑想（めいそう）の講座、ご自身のショップの運営などを不定期で行っています（以前行われていたスピリチュアル・カウンセリングは、現在休止中）。

kaiさんならではの、繊細(せんさい)でやさしくて、正直で、おしゃれで、ユーモアがあって（さすが関西のご出身です）、そして、ジェンダレスな個性が、わたしは大好きです。何より、チャクラという存在を、こんなにわかりやすく、おもしろく伝えてくださる方にはじめてお会いすることができて感動し続けています。あたらしい時代のあたらしい豊かな才能です。

チャクラは、自分の今のチャクラの状態に気づいてあげるだけで癒(いや)され始めるのだそうです。この本を読み始めていること自体、実はもう癒しは始まっている、ということです（本当に！）。そして、ぜひ、この本を読み進め、紹介されているセルフケアをスタートしてみてください。日に日に、どっしりとした安心感をご自身で感じられるように必ずなります。

わたし達は、あるがまま、自分のままで安心して存在していていいし、いよいよ、そういう意識で世界をつくっていく、そんな時代が到来したようです。

では、さっそく、kaiさんの誌上講座、開講です！

自分を愛する本　もくじ

第1章
自分に気づく
kai's チャクラ講座

誌上講座　その1

チャクラってなに?

みなさん、こんにちは！　ｋａｉです。自身の感覚を活かして、２０２０年までスピリチュアル・カウンセリングのお仕事をしていました。現在はセラピストとして「目に見えない世界」を身近に感じてもらえるような発信や表現活動、講座などをしています。

わたしの講座の中で特に人気があったのが、「チャクラ」について学ぶ講座でした。チャクラという言葉に馴染みのない方もおられるかもしれませんが、わたしの講座では、チャクラを身近に感じていただけるような切り口で伝えていて、この本を共に作るみれいさんも講座を受けて大感激してくださいました。今回、この本で詳しくお話ししたいのが、「自分を愛する」というテーマを担う、わたし達にとってもっとも大切な「第2チャクラ」についてです。「自分を愛することについて知りたいのに、なぜチャクラのことを学ぶの?」と思うかもしれませんが、読み進めていくと、必ず理解してもらえると思います。

第2チャクラが……ズタボロ!?

そもそも、なぜ「第2チャクラ」なのでしょうか。

チャクラについては後ほど詳し~くお伝えしていきますが、わたし達のからだには第1~第7までの7つのチャクラが備わっています。

わたしが行っていたカウンセリングは、チャクラの健康状態を「リーディング」(霊的な感覚を使って読み取ること)して、その人に必要なケアの方法やメッセージをお伝えする、というものでした。わたしのクライアントさんは、だいたい20~50代のレディが中心だったのですが、なんと、**ほとんどの方の第2チャクラの状態が「ズタボロ」だった**のですよ。別の言い方をすると「傷だらけ」。なぜこんなにも第2チャクラが傷つき、チャクラの働きが乱れてしまっている人が多いのか、不思議でした。

たとえば、第2チャクラが傷ついている人に多かったのが、「自分のことがよくわからない」というご相談。

最近、巷(ちまた)で見聞きする「ありのままの自分で(いよう)」という言葉。その「ありのまま」がわからない、と。自分の状態の、なにが「ありのまま」なのかがわからないのだそうです。それから、自己啓発の本や「引き寄せ」のことを伝えている本などでよく目にする「ワクワクすることをやってみて」というアドバイスにも、そもそもその「ワクワク」がわからないから、結局のところ、なにをすればいいのかがわからない。この本のテーマである「自分を愛する」や「セルフラブ(が必要)」という言葉に対しても、自分のどこをどう愛して、どう愛を注げばいいのかが、わからない。

あとは、「こころの中が不安でいっぱい」という人も多かったですね。

仕事のことも不安。将来のことも不安。パートナーができるか(もしくは結婚できるか）不安。今のままの自分でいいのか不安。わたしが「じゃあ、仕事でも将来でもパートナーシップでも、今、具体的にどんな不安を解消したいですか？」と聞くと、やっぱり「わからない」とおっしゃるのです！　不安は不安なのだけど、なにがどう不安なのかがよくわからない、と。でも、不安は不安なのだ、と。

うむむ……。これは難解……。じゃあ、たとえばなぜ今のお仕事を選んだのですか？と、わたしが食い下がって尋ねると、「なんとなくこれかなぁ、みたいな……？」「ここ（の企業）だと、安心そうだから……？」（↑うっすら疑問形で）などといった、思わず白目になっちゃいそうなくらい超絶ぼんやりとした答えが返ってくるのが、ほとんど。そんな、うっすら疑問形で返されても……と、いつもわたしはクライアントさんを前に、まさに白目で頭を抱えておりました。

「自分自身」のことなのに、なんだか全てが他人事のようで、よくわかっていない。

そういった人やそういうご相談が、本当に多かったんです。

その人達のチャクラをリーディングしてみると、必ずと言っていいほど、第2チャクラのエネルギーが乱れていました。

第2チャクラはからだの中で下腹部に位置しています。女性で言うと子宮、背面から見ると腰のあたり。チャクラの乱れはからだにも影響を及ぼすので、子宮のトラブルや腰の痛みに悩まされている人も、とても多かったですね。

「第2チャクラに、なにか大きなヒントが隠されている」

女性を中心に、たくさんの人をカウンセリングしていくうちに、わたしはいつしかそう確信したのです。

この本では、わたしのこれまでの経験と直感によって導き出した第2チャクラのしくみを詳しく伝えていきます。このしくみを知れば、きっと自分で自分のことを理解できて、自分のこともとても愛おしく感じるはず。本当の意味で、自分を愛することができるはずです。

ここからわたしと一緒に、じっくり学んでいきましょう。「学ぶ」と言っても、全然難しくありません。「不安」なあなたも、どうぞ「安心」して、ページを進めてくださいね。

「チャクラ」ってなに?

「第2チャクラ」についてお話しする前に、基本中の基本、そもそも「チャクラ」ってなに?ということからお話ししていきますね。

このチャクラのお話は、全て、わたしオリジナルの理論であることを最初にお伝えしておきますね。もちろん、古くから伝わるチャクラの知恵を踏襲（とうしゅう）している部分もあるのですが、わたしのチャクラの捉え方はほかのチャクラの参考書とはまったく違っていたりもします。この本で書かれている知恵は、あくまで、かつてわたし自身が行っていた、数千回にわたるスピリチュアル・カウンセリングの経験と、直感によって独自に構築していったものだということをご理解ください。また、チャクラについては今もまだ探究中で、常に見解のアップデートを続けています。そのため、今後伝える内容を進化させる可能性がありますことも、どうかご了承くださいね。

さて、チャクラって、元々はサンスクリット語の「チャルカ（糸車）」という言葉から来ていて、「車輪」を意味しています。チャクラは目に見えないものですが、イメージでいうと回転扉みたいになっているんですね。デパートやホテルの入り口にある回転扉。あの回転扉みたいに、クルクルと回転しているんです。

チャクラ、4つのポイント

そんなチャクラには、4つのポイントがあります。

その1　主要なチャクラは7つある

何よりもまず大きな特徴は、**からだに7つ主要なチャクラがある**、ということなんです。本当は、もっともっとたくさんあります。ただ、とても大切な働きをする主要なチャクラは7つなんですね。

チャクラはからだの下（股あたり）から頭上に向かってまっすぐ並んでいて、それぞれが回転しています。

ただ、「からだ」と言っても、正確には肉体のからだではありません。**肉体と重なるように存在している「透明なからだ」**のほうにあります。それを専門用語で「エーテル体」と呼びます。「エネルギー体」と言ってもいいかもしれません。

チャクラは、その透明なからだの7ヶ所に分布されています。そして、わたしはそれを「ツボ（経穴（けいけつ））」のようなものだと捉えています。からだの全身にあるツボは、からだ全体に張り巡らされている「経絡（けいらく）」という道のようなものの、各所にあるポイントのこと。経絡が線路で、ツボは駅だと思ったらいいでしょうか。鍼灸（しんきゅう）や指圧、リフレクソロジーなどは、このツボを刺激することで、全身の自然治癒力を高めていきます。**チャクラは「透明なからだのツボ」**なんですね。

透明なからだは肉体よりも少しだけ大きいですが、ほぼ重なっていて、その2つのからだはお互いに密接に関わって、常に連動しています。だから、チャクラの位置を肉体の位置で示すことができるんです。

それぞれの位置をからだの部位であらわすと、

①**第1チャクラ　会陰（えいん）**（ちょうど股の部分）
②**第2チャクラ　下腹部**
③**第3チャクラ　みぞおち**
④**第4チャクラ　胸の真ん中**
⑤**第5チャクラ　喉（のど）のつけ根**
⑥**第6チャクラ　眉間（みけん）**
⑦**第7チャクラ　頭頂部の少し上**

となります。

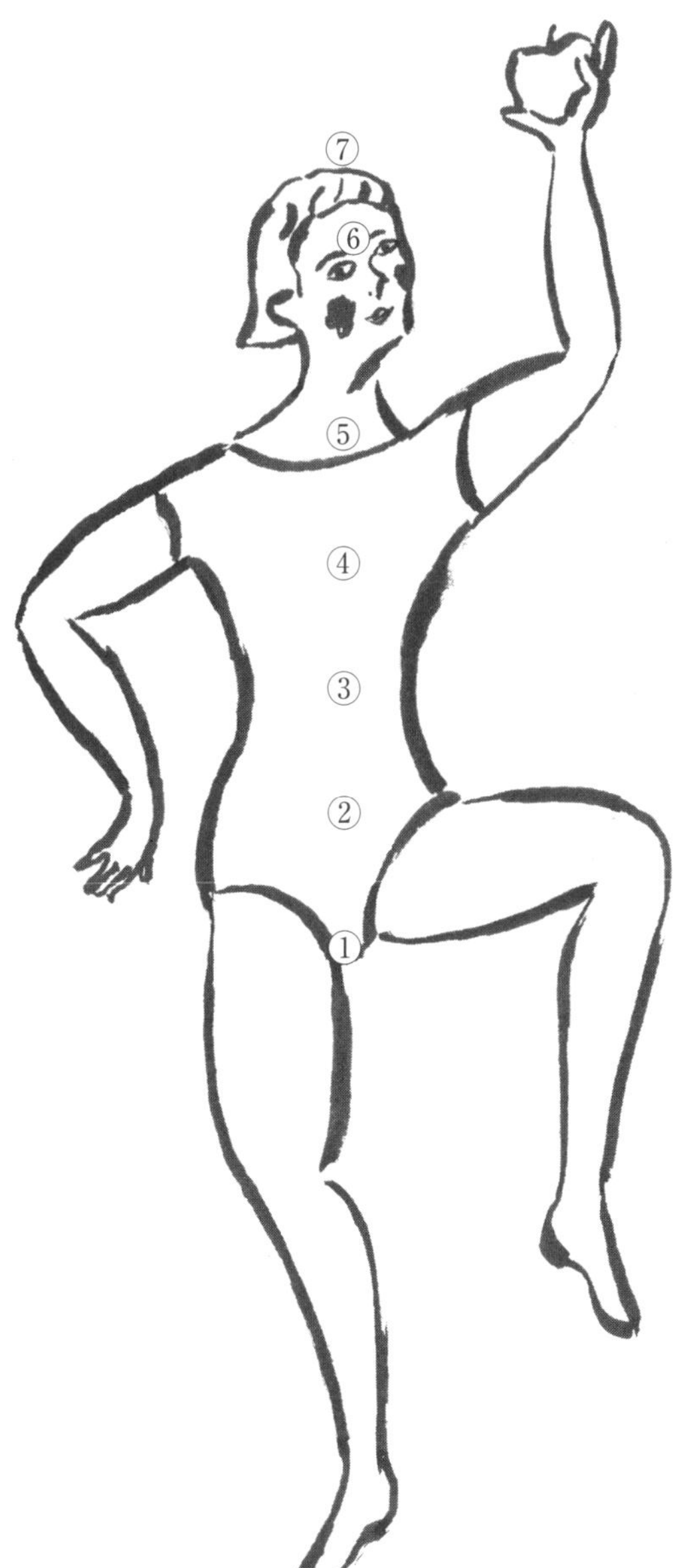
⑦
⑥
⑤
④
③
②
①

目に見えませんが、目を瞑(つむ)って、第1～第7まで、感じてみてください。色、あたたかさ、音で感じられるという人もいます。

わかる・わからないはともかく、自分にも7つチャクラがあるんだなぁ、と感じてみてくださいね。

その2　チャクラは、プラーナを循環させるポイントである

チャクラは、常に呼吸のような動きをしています。わたし達の肉体は、呼吸をすることで新鮮な酸素を取り込んで、それをからだに巡らせ、二酸化炭素を吐き出していますよね。チャクラは酸素ではなく、**プラーナ（気）**という無限に宇宙にある「生命エネルギー」「命の素」を取り込んで、それを肉体を含む全身に巡らせ、不要となったプラーナを吐き出しているんです。回転扉のようにくるくると回りながら、プラーナを取り込んでは吐き出し、取り込んでは吐き出し、を繰り返しています。

プラーナは、わたし達にとって「命の素」となる大事なエネルギー。だから、これ

を受け取れないと、人は生命活動そのものができなくなってしまいます。いわゆる「ヒーリング」やエネルギー療法は、施術によってプラーナを補い、心身の不調を改善に向かわせているんですね。

その3　チャクラには、それぞれテーマがある

肉体のツボには「ここは目にいいとされるツボ」とか「肩こりの改善にはここ」といった、「担当」や「効能」のようなものがありますよね。それと同じように、**チャクラにも担当する分野やテーマがあるんです。**

たとえば、第2チャクラでいうと、テーマは「自分らしさ」「自分を愛する」「生きる喜び」「パートナーシップ」などです。

その4　チャクラはからだの部位や臓器、行動を支配している

さらに、チャクラはわたし達のからだの部位や臓器の働き、そして、普段何気なく

行っている行動や思考までをも司っているんです。
まず、チャクラが司る部位や臓器、これを**「支配部位」**と言います。
第2チャクラの位置は、下腹部のおへその少し下のあたりです。だから、下腹部のあたりにある子宮、腰、腎臓、生殖器（特に女性器）などの働きを第2チャクラが支配しています。「担当する」と言ってもいいですね。

さらには、行動や思考も、チャクラが支配します。それを、**「支配行動」**と言います。

たとえば、**第2チャクラの支配行動は「自分を愛する」「安らぐ**（安心する）**」「喜ぶ」「人**（パートナーを含む）**との関係を築く」「性行為をする」など**があります。

要するに、それら支配部位の働きや支配行動によって、そのチャクラが持つテーマが生み出され、それを体験していくことができる、というわけです。

チャクラはわたし達のこころとからだはもちろん、普段の生活にも影響を与えているんですね。

さて、ここで簡単に第1チャクラから第7チャクラの場所、成長期、支配部位、支配行動とテーマを、次のページの表でご紹介しますね。

チャクラの乱れ、閉じすぎと開きすぎ

お話ししてきたように、チャクラは常に回転扉のようにクルクルと回転しています。

この本では、

チャクラの回転が、遅すぎたり、止まったりしてしまうことを「チャクラが閉じすぎている（閉じすぎ）**」、回転のスピードが速すぎてしまうことを「チャクラが開きすぎている**（開きすぎ）**」**

第1から第7チャクラについて

	第1チャクラ	第2チャクラ	第3チャクラ
チャクラの場所	会陰	下腹部（おへそから指3本分下、仙骨の真ん中あたり）	みぞおち
成長期	胎児～10歳頃（特に1歳頃まで成長が著しい）	1～10歳頃	10～21歳頃
支配部位	両足、大腸、骨 など	子宮、腎臓、腰、生殖器（特に女性器） など	胃、肝臓、小腸、大腸、筋肉 など
支配行動	持続する、留まる、繰り返す、所有する など	自分を愛する、安らぐ（安心する）、喜ぶ、受け取る、人との関係を築く、性行為をする など	動く（動かす）、決める、戦う、怒る、消化する、食べる、責任を持つ、自分の容姿を愛する など
テーマ	グラウンディング、社会性、家族、物質、秩序 など	自分らしさ、自分を愛する、生きる喜び、パートナーシップ、安心、性交 など	自信、決断、自我（エゴ）、運動 など

第7チャクラ	第6チャクラ	第5チャクラ	第4チャクラ
頭頂部の少し上あたり	眉間	喉のつけ根あたり	胸の真ん中
50歳頃〜	35歳頃〜	25歳頃〜	21歳頃〜
松果体(しょうかたい)、頭頂部	頭部、目、鼻、耳 など	喉、口、肺、鼻、皮膚、手指、首 など	心臓、肺、胸部 など
閃(ひらめ)く、祈る、手放す、信仰する、俯瞰(ふかん)する など	考える、情報を受け取る、調べる、理解する、イメージする、見極める、学ぶ、工夫する など	人とコミュニケーションする、感情を表に出す など、表現すること全般	他者を愛する、許す、共感する、空気を読む、感謝する、感動する、育む、思いやる など
直感、霊性、自由、理想、信仰 など	知恵、想像力、知性、記憶、探究 など	コミュニケーション、表現、人間関係、ユーモア など	慈愛、慈悲、信頼、母性、奉仕 など

＊それぞれの支配部位、支配行動、テーマは一部です。

＊成長期は、成長が最も著しい時期を示しています。個人差がありますので、あくまで目安としてください。

＊これらは全て、kaiがこれまでのカウンセリングと直感によって導き出したオリジナルのものです。
また、内容は今後進化していく可能性があります。

と表現します。

「チャクラ（のエネルギー）が乱れている」とは、このことを指しているんですね。特に、「閉じすぎ」「開きすぎ」という言葉はこの本ではたくさん出てくるので、覚えておいてください。

さて、チャクラが閉じすぎるとどうなるのでしょうか。

口と鼻をふさぐと、そこから酸素を取り込めなくなるのと同じで、プラーナを取り込むことができなくなります。すると、全身のプラーナの循環が滞るんですね。

先ほども伝えたように、プラーナはわたし達の「命の素」であり、生命活動になくてはならないもの。たとえて言うなら、「ガソリン」みたいなものでしょうか。あくまでチャクラの視点のお話ですが、臓器やからだの部位を動かすにはプラーナが必要なんです。つまり、チャクラが閉じすぎてしまうと、支配部位の働きが弱まっていく、ということ。動かすためのガソリンが無いのですから。さらに、呼吸でいうと、二酸化炭素が排出できないといったことも起こり、本来吐き出すべき「使用後のプラーナのごみ」のようなものが支配部位に溜まっていってしまうんです。それが病気へと発展していく場合もあります。

そして、臓器やからだの部位の働きが弱まると、同時に支配行動も行えなくなります。行動や思考も、プラーナという名のガソリンを使って行うからです。

支配部位と支配行動が弱まると、そのチャクラが持つテーマがその人の中から失われてしまうんですね。

たとえば第2チャクラが閉じすぎると、支配部位である子宮や腎臓、腰などにプラーナが供給されなくなり、働きが鈍くなったり、不調が現れたり、病気になったりします。

そして、支配行動である自分を愛すること、安らぐこと、人との関係（パートナーシップ）を築くことなどができなくなる。

最終的には、「自分らしさ」「自分を愛する」「生きる喜び」「パートナーシップ」「安心」といった第2チャクラのテーマが、その人の中から失われていきます。

チャクラが閉じすぎると

◎支配部位の働きが弱まり、不調が出やすくなる
◎支配行動が行えなくなる
◎チャクラが司るテーマが失われる

ということになります。

都会を生きる現代人は、下のほうに位置するチャクラ（第1～第3チャクラ。「下位チャクラ」とも呼びます）が閉じすぎている人がとっても多いんです。閉じすぎを通り越して、「鎖国状態」という人も……。

次に、チャクラが開きすぎるとどうなるかについてもお話ししますね。

開きすぎの場合は、プラーナをしっかり取り込めている状態ではあります。だから、支配部位はよく働いてくれるし、支配行動も行うことができます。

ただ、チャクラが開きすぎていると、必要以上に多すぎるプラーナ供給によって臓器が異常に働きすぎたり、プラーナを使いきれず余らせて逆に滞らせたり、プラーナが大量に流れ込むことで逆流現象が起きてしまったりするため、支配部位に不調が出やすくなります。たとえば運動をした後などに「ハッハッハッ」と呼吸が多くなると、新鮮な酸素を吸い込めてはいますが、吐く行為も多いので、結果、うまく呼吸ができていないこともありますよね。それと少し似ているかもしれません。

さらには、そのチャクラの支配行動も過剰になっていく。「――しすぎ」になっていってしまうんです。

たとえば、第2チャクラが開きすぎると、過剰に恋愛にハマったり、性行為や性的快感を過剰に求めたりします。結果、そのチャクラが持つテーマも、その人の中で強まりすぎてしまいます。

チャクラが開きすぎると

◎過剰なプラーナ供給によって支配部位に不調が出やすくなる

◎支配行動をやりすぎてしまう

◎チャクラが司るテーマが強まりすぎる

ということになります。

チャクラをケアして中庸(ちゅうよう)に

呼吸もそうですが、程よい間隔の、程よい強さで「吸って吐いて」を繰り返している状態がいちばんいいんです。それはチャクラも同じこと。チャクラが、程よく活性化されて、程よく回転していると、支配部位も程よく働き、支配行動も程よく行えるので、心身ともに負担がなく、健康でいられます。

これを、**「中庸」**といいます。

中庸とは、どちらかに傾いていない、程よく、ちょうどいい状態。偏らず、調和が取れている状態をさします。その人の心身の調和が取れていると、本人はもちろん、周りの人も楽です。

ただ、本当に残念すぎるお知らせですが……世の中のほとんどの人は、中庸とは程遠い状態で生きています。それは、現代人の多くのチャクラが、どこかが極端に閉じすぎていて、どこかが極端に開きすぎているからなんですね。

この本を最後まで読んでいただいたらきっとわかると思いますが、自分が「私はこういう性格の人間」「自分の中のこういう面は生まれつきの性質」と思い込んでいたことが、実は単にチャクラが乱れているだけだった、ということもよくあります。

たとえば、自分のダメなところばかり目についたり、自分を好きになれなかったり、人の反応を気にしすぎたり、恋愛するのが怖かったり、いつも寂しさと虚しさでいっぱいだったり。これらは、チャクラの視点で見れば、チャクラが乱れているからそう感じている、と言えますし、そう感じてしまうようなことが周りで頻発するのです。

逆に言えば、チャクラを整えて、先ほども伝えた中庸の状態に近づくことができれば、悩みや不満、不調は自然と消えていきます。

チャクラのすばらしいところは、チャクラそれぞれの乱れを、自分でケアできることなんです。

日々の行動や習慣、服装、食事など、暮らしの中で簡単に整えることができます。実際に、チャクラのセルフケアに取り組んでいくことで別人のように輝いていくクライアントさんを、たくさん見てきました。わたし自身もそうです。

チャクラを整えていけば、人生が変化するし、チャクラを整えていけば、心身が健康になる。なにより、人はチャクラが整って、中庸になって初めて、本来の個性が輝きだします。

どうでしょう？　自分のチャクラの様子を知って、今すぐにでも、チャクラを整えたくなりませんか？

【みれいメモ】

みなさん、ここまでどうでしょう？　初めて聞く言葉がたくさん出てきて、頭がグルグルしている方もいらっしゃるかな？　でも、まだピンと来ていなくても大丈夫。この後まもなく登場するチェック表（42ページ～）で、今の自分の状態をチェックしたり、ｋａｉさんのお話を読み進めたり、さらにはセルフケアをしていくと、「わかる！」「腑に落ちる！」という瞬間がやってきます。何より魂はちゃんと、このお話を聞いて味わっているはず。安心して読み進めていってくださいね。

kai&みれいトーク

チャクラが目指すのは、
ほどよく回転し、活性化した「中庸」の状態

kai チャクラの基本のお話って、目に見えないから難しいかもしれないけど……実はとってもシンプルなんです。

みれい はい。「透明なからだのツボ」っていうのも、わかりやすいです。実際の経絡にあるツボだって、目に見えていないわけだから……すぐにわからなくても、だんだん腑に落ちてくるのではないでしょうか?

kai そうですね。実は、これまでの時代は多くの人の第1〜第7チャクラが閉じていて、「鎖国状態」だったんです。

みれい そうですよね! 聖者とか仙人のような特別な人は、チャクラが開いていて、

一般の人は「全閉じ」のイメージでした。

kai 現代人にとっては、「えっ?」と驚くような話かもしれませんが、たとえばひと昔前は、「ギロチン刑」って大勢の人達の前で行われていたんですよ。見せ物だったんです。どうして昔の人がそんな酷(ひど)い行いを見ていられたのかというと、当時の人達の第4チャクラ（ハートチャクラ）が閉じすぎていたからなんですね。第4チャクラが司る共感力が失われていたからだと思います。

みれい うむー！　興味深いお話！

kai 第4チャクラが開いていると、そういった状況を見て「痛そう！」とか「つらい」とか自然と感じるのですが、閉じていると共感する力が弱まるから、受刑者の痛みに共感することなく見ていられた。他にも現代では考えられないような拷問(ごうもん)もあったと聞きますが、当時は第4チャクラが閉じすぎていたからこそできていたことがいっぱいあったんです。

みれい 近年になって一般の人もだんだん、回転扉が動くようになってきた、と。

kai そうなんです。もちろん現代でも全部のチャクラが開いている人は少ないです。肉体を持って人間に生まれてくるということは、どこかのチャクラが必ず乱れているということなんです。チャクラが乱れることでその人に「（波動の）粗さ」のようなものが生まれて、「物質化」して生まれてくることができます。

みれい　へえ！

kai　全てのチャクラが開いて、さらに中庸に整ったら、それはいわゆる「解脱（げだつ）」。人間である必要はなくて、無になる。完全体となります。

みれい　そうすると食事もしなくてよくなる、と。肉体からも離れることになったり？

kai　そうですね。人間界は成長と学びのための世界ですから。**生まれてくる前から乱れている「カルマチャクラ」**というのもあるんです。「カルマ」とは、その人が克服したい自ら課した課題を意味する言葉です。カルマチャクラを整えることで成長と学びを実感することができます。それから、土地の気候や性質によって「乱れやすいチャクラ」というものも決まっていたりします。たとえば、雨が降らない土地にいると火の元素が強い第3チャクラが開きすぎになりやすい、とか。人間界にいる以上、チャクラバランスの乱れは何かしら生まれるものなんです。

みれい　今自分がもっているチャクラバランスに「いい・悪い」はなくて、それを整えていく、自分なりにバランスしていくということが、生きていくことそのものとも言えそうですね。生きていることイコール、チャクラを整え続けることというか。

kai チャクラを整えるために生まれてくる、と言っても言いすぎではないかもしれません。

みれい 自分のチャクラの乱れを知ることで、自分をより深く理解するのにつながるのもすばらしいなと思っています。自己理解ができると、より深く他者理解もできるようになっていきますものね。

kai チャクラを学ぶと、自分はもちろん、周りの人のことも「あの人は第◯チャクラが乱れていたからああいう性格だったのか」と理解できるようになったりしますね。

みれい しかも、誰もが自分でケアしていけるというのが本当にありがたいです。この第2をテーマとしたチャクラ講座を開催した時、「まさか自分のことだと思わなかった」という人もいらっしゃいました。でも、必ずわかってくるし、わかるようなできごとが不思議と起こるんですよね……。何より、わたし自身、このチャクラの知恵にたくさん恩恵を受け続けていますし、第2チャクラはものすごく重要だなとつくづく感じています。

誌上講座　その2

第2チャクラの話

第2チャクラの状態をチェックしてみよう（あてはまる項目の合計数を出してください）

◎閉じすぎチェック

△自分らしく、ありのままで、と言われてもよくわからない

△自分に何が向いているのか、よくわからない

△ちょっとしたことでも自分で決められず、すぐ人に聞いてしまう（または、聞きたくなる）

△もっと頑張らなきゃ、といつも感じている

△ベージュやオフホワイト、グレーなど、目立たない落ち着いた色の洋服を選びがち

△こちらから送ったLINEやメールの返事が遅いと、「大丈夫だったかな」「何か気に障ること書いたかな」と不安になる

△性的な話題（いわゆる下ネタも含む）に抵抗がある

△パートナーシップに苦手意識がある（恋愛することが怖い、恋愛の相手を求めているのにずっと見つからない、相手と上手に関係を作れない、など）

△疲れると腰が痛くなる

△褒められると、反射的に「いやいや」「私なんて」と否定してしまう

△月経痛がひどい

△現在、子宮疾患を患っている

◎開きすぎチェック

□孤独感が強い
□過食症、または拒食症だ（または、最近までそうだった）
□お酒、カフェイン、タバコ、賭けごとに依存している自覚がある
□ドラッグを摂取している（または、最近まで摂取していた）
□複数の異性（または同性）と同時期につきあっている（または、肉体関係を持っている）
□パートナーから暴力を振るわれている（または、最近までそうだった）
□「死にたい」「いつ死んでもいい」と思っている
□万引きを常習している（または、最近までそうだった）
□不倫している（または、最近まで1年以上の不倫を続けていた）
□自分の母親が嫌い
□（あなたが母親の場合）自分の子どもに暴力を振るったり、強い否定の言葉で叱ったりしている
□（あなたが母親の場合）育児放棄している

合計
△閉じすぎ→　個
□開きすぎ→　個

0〜1　とてもバランスが取れています
2〜3　まぁまぁバランスが取れていますが、たまに乱れることもあるかも
4〜7　ちょっと乱れています。日々の中でセルフケアを意識して
8〜10　かなり乱れています！　しっかりセルフケアを！
11〜12　超絶乱れています！　お願いだから、どうか真剣にセルフケアを！

第2チャクラの基礎知識

それでは、ここからいよいよ、第2チャクラのお話をしていきたいと思います。

早速先ほどお話ししたことのおさらいも含めて……第2チャクラは、どこにあるかというと……、わかりますね？　そうです、下腹部ですね。もう少しくわしくお伝えすると、おへその下に指を3本置いてみて、その3本めの指の下あたりにあります。肌の表面にあるわけではなく、からだの真ん中あたりにあると思ってください。

この場所は、武道や呼吸法などでよく見聞きする「丹田（たんでん）」という場所とほぼ一緒なんです。「ほぼ」といったのは、説によっては同じではないという見方もあるためなのですが、わたしは、ほぼほぼ同じ位置にあるなと感じています。わたし達の全ての基礎、そして「私の中心」が丹田であるとも言われていますね。

第2チャクラのテーマは、**「自分らしさ」「自分を愛する」「生きる喜び」「パートナーシップ」**。まさに「私の中心」となるような大事なテーマばかりです。先ほどしくみを伝えたように、第2チャクラが閉じていると、これらのテーマが自分の中から失われます。このほかのテーマとしては「安心」「性交（セックス）」などがあります。

第2チャクラの支配部位は、**「子宮」「腎臓」「生殖器**（特に女性器）**」**です。他に**「卵巣」「膀胱」「腰」「仙骨」「小腸」**などもあります。あくまでチャクラの視点でのお話ですが、第2チャクラが閉じていると、これら支配部位にプラーナが行き渡らず、働きが弱まったり、不調が出やすくなります。特に女性は「子宮」のトラブルが現れやすくなります。

もちろん、第2チャクラが閉じると支配行動にも影響があります。**「自分を愛する」「安らぐ**（安心する）**」「喜ぶ」「受け取る」「人**（パートナーを含む）**との関係を築く」「性行為をする」**、さらには、**「ゆるむ」「感じる」「選ぶ」「いやがる」「甘える」「人の力を借りる」「快楽を得る」「自分を解き放つ」**といった第2チャクラの支配行動全般が行いづらくなるか、全く行えなくなります。

要約すると……第2チャクラが閉じている人は、こころはいつも不安でいっぱいで、自分のことが好きになれない。「自分らしさ」がわからないから、自分が何が好きで、何が嫌いなのかが（わかっているようでいて本当のところ）わからない。何を選べばいいのかもわからず、だいたいいつも「無難なもの」「みんなと同じもの」に行き着く。パートナーを求めているのになぜか出会えない。かと言って、人からの好意は素直に受け取れないし、パートナーができても関係の築き方がわからない。うれしいとか、気持ちいいとか、ここちいいという感覚がわからず、そう感じるものを無意識に避けようとしてしまう。性行為も苦手。

あくまで一例ですが、第2チャクラが閉じるほど、このような人になっていきます。先ほども伝えたように、第2チャクラは「私の中心」。その「中心」がゴソッと失われてしまうことで、このようになっていくんですね。

……と、ここまで読んできて「嘘でしょ……」と思わず白目になってしまう人もいらっしゃるかもしれませんが、大丈夫です。第2チャクラは自分の手で整えていくことができますから。後ほどしっかりチャクラのケアについてお伝えしますね。

第2チャクラが大切なわけ

繰り返しになりますが、武道などで丹田が大切な場所とされているように、第2チャクラはわたし達人間にとってとても大切なチャクラです。最強メンバーの「テーマ」を備えていると言ったらいいでしょうか。読んでいただいてわかったと思いますが、人生の喜び、そしてしあわせに直結するテーマばかりなんです。

自分にとって何がここちいいのか、何が喜びなのかを自分でわかっていれば、自分がどんな状態だとしあわせを感じるのか、わかることができますよね。「ここちいい」「うれしい」「気持ちいい」「(明確な理由はわからないけど、なんとなくこういうものが)好き」、そして「嫌い」。それらが満たされた状態って、しあわせな状態と言えます。でも、第2チャクラのテーマがその人の中から失われてしまうと、そもそも何をどう感じればいいのか、何をどう選択すればいいのかがわからなくなり、不安になります。

第2チャクラのテーマのひとつに、「安心」があります。自分がどういう人なのかということを自分でわかっていれば、何にも迷うことがなくなるはず。何にも迷わないって、安心そのものですよね。自分で自分のことを理解できていれば、人はこころ安らかでいられます。わからないから不安なわけです。わからないって、「私の中心」がない状態。「私の中心」とは、「私」というひとりの人間を形作るための「指針」のようなものです。それを頼りに生きていけば、人は決して迷わないんです。

第2チャクラは魂の操縦席だった!

第2チャクラがいかに大切なのか、さらに深掘りして解説したいと思います。むしろここからが重要なので、もう少しお付き合いくださいね。

みなさん、「魂」というものが存在していることは、なんとなくわかりますよね。

じゃあ、わたし達のからだが、「魂の乗り物」であることはわかりますか?

わたし達のからだは、元々はただの物質です。魂がからだという物質に宿ることで

「私」という「個の感覚」が生まれ、地球で生きていくことができます。そして、魂が抜けるとからだはまたただの物質になります。

魂は、成長と学びのために存在しています。魂は、からだという乗り物を借りて、この地球という学び舎での体験を通して、さまざまな学びを得るんです。そういう意味では、魂が「私」の「主」と言えますね。わたし達には「自意識」があるので、つい、思考する脳を持ったこのからだを「私」だと思ってしまいます。でも、本当はからだや脳も魂が主となって動かしているんです。わたし達は、魂の進化のためにからだを借りて、この世界を体験している、というわけです。

スピリチュアルな知識に触れたことがある人は、「ハイヤーセルフ」という言葉を見聞きしたことがあるかもしれませんね。ハイヤーセルフは魂のことだと、わたしは捉えています。ハイヤーセルフとは「高次元の自己」という意味の言葉。もっとわかりやすく言うと、「肉体をもたない完全な状態の私」のことです。それが魂であり、ハイヤーセルフなんですね。

そう、魂はすでに完全体なんです。チャクラだって完璧に整っている。それでも魂は成長したい。だから、あえて自らのチャクラを乱し、わざわざ不完全な状態となって、この世界を体験するわけです。そしてまた、完全体の「私」を思い出していく。その「思い出す」ときに、魂にとっての成長や喜びがあるんですね。

わたし達の生命は、簡単に説明するとこんなしくみによって存在しています。「生かされている」とも言えますね。

さて、からだに宿る魂は、どこに収まると思いますか？

いろいろな説がありますが、チャクラの視点の考え方では、魂は第2チャクラに収まります。

からだを乗り物として捉えると、魂の「指定席」は第2チャクラにあるんです。魂はその席に座って、からだを「操縦」して、この世界を体験します。いわば、**「人生のハンドル」を握る魂の操縦席が、第2チャクラにある**のです。先ほども書きましたが、武道の世界などでは第2チャクラの位置にある丹田を「自分の中心」と捉えています。魂（＝ハイヤーセルフ）の居場所がそこにあるから、と考えると腑に落ちます。

そういうわけで、たとえば第2チャクラが閉じすぎていると、魂がからだにしっかり宿ることができなくなるため、からだに「指示」を送って動かせなくなります。当然、自分がどうすべきかなどわかるはずもないし、迷いも多くなりますよね。大元の「私」からの指示が来なくなるわけですから。

さぁ、第2チャクラの重要性がわかっていただけましたでしょうか？ これを読んで、「えっ？ 私の魂、操縦席にいないのかも!?」とあわてた人も大丈夫。まずは知ることが大切ですから、もう少し読み進めてみてくださいね。

第2チャクラの成長期は、1～10歳

先ほども少し書きましたが、チャクラにはそれぞれ、最も成長する時期というものがあります。第2チャクラの成長期は、1～10歳頃（個人差があります）。この時期に第2チャクラが形成されていきます。たとえて言うなら、この期間は「魂の操縦席が建設中」の状態。

じゃあ、その間、魂はどういう状態なのかというと、からだを出たり入ったりしているんです。卵子に精子が受精してひとつの生命体が誕生しますが、その瞬間に魂が宿るわけではないんですね。生後すぐから数ヶ月くらいのあかちゃんって、ぼーっとしていますよね。あれは、自意識が育っていないから、とも言えますが、チャクラの視点で見ると、魂がからだにうまく入ることができていないからなんですね。操縦席はまだないので、魂とからだがうまくつながることができない。だから、自意識が曖昧になるんです。

そして、だいたい1歳前後から、第2チャクラの「建設」が本格的に始まります。それと同時に、子どもに少しずつ自意識が芽生えてきます。笑いだしたり、簡単な言葉を話しだしたり。これは、魂がからだとつながり始めていることの表れでもあるんです。特に2、3歳くらいまでの子どもは、ぼーっとしていたかと思うと、突然ぎゃーっと叫んだりしますよね。からだの動きもおぼつかない。チャクラの視点では、魂が出たり入ったりしながら、からだを操縦する「練習」をしている、と捉えるんです。試乗運転みたいなものですね。いわゆる「イヤイヤ期」も、本当に「イヤ！」なのではなくて、ただ単に反応を試しているだけだったりします。急にものを投げたりするのもそうです。「練習」の一貫なんですね。

第2チャクラの成長がうまく進めば、5、6歳で魂の出入りが減って、からだとのつながりが強くなり、徐々に動きや言動が安定していきます（年齢は個人差があります）。そうして、成長期が終わる10歳頃に第2チャクラが完成し、魂は晴れて操縦席へ。そこから「自我」がテーマの第3チャクラの成長へと移行していくわけです。

第2チャクラと母親との関係

ここまで読んでもらうとわかると思いますが、「（本当の）私」って、魂（＝ハイヤーセルフ）のことなんですね。「自分らしさ」というのは、魂が教えてくれます。**魂の指示に従って動いていれば、「自分らしく」生きていける**んです。

「なんとなく、これが好き」「なんとなく、こっちに行く（のがよい）みたい」という、なんだかよくわからないけど、「これがよい」という感覚。もしくは、「どうしてもこれを選びたい」「どうしてもこっちに行きたい」という、押さえきれない衝動のような感覚。これが魂の指示です。これを直感と言ったりもしますが、魂の指示は、思考が追いつかないんです。直感はいつだって、わたし達の理解や、時に常識をも超えています。なぜかそうしてしまうし、なぜかそれを選ばずにはいられないし、なぜかそれに惹かれてしまう。これは、魂からの指示なんですね。

魂は、これからどういう未来があって、どういうふうに進んでいけばいいのか、全部知っています。生まれる前にだいたいのプランを決めてきているからです。その指示に従って生きていけば、自然と「自分らしく」いられるし、「自分らしい人生」を歩めるんですよね。

ただ、さっきも伝えたように第2チャクラが成長しないと、魂は操縦席にしっかり着座できません。だから、「第2チャクラ建設中」の小さな子どもは自分がどっちへ行けばいいのか、何を選択したらいいのか、自分でわからない。魂が指示を出しても、うまく受け取れない。

そこで、**この期間の子どもにとって重要なのが、母親**（あるいは母親がわりの人）**の存在**です。

生まれてから8、9歳くらいまでは、おかあさんと「見えないへその緒」のようなものがつながっている、とわたしは捉えています。特に、2、3歳の子どもは「おかあさんの一部」だった胎児の頃の感覚をまだ持っているので、おかあさんを「私」だと無意識に思っているんですね。おかあさんと「私」が、どこか一体化しているんです。

そのため、特に幼児期の子どもはおかあさんに「ハイヤーセルフ」の役割を求めていきます。「どうしたらいいか」「どこへ行けばいいか」「何を食べればいいか」。おかあさんから発せられる言葉や表情などのリアクションに常に意識を向けて、自分の向かうべき道を探ろうとします。第2チャクラが完成する10歳頃までは、魂との「連携」がうまく取れないので、自分の「大元」だと思っているおかあさんの指示を代わりに待ち続けるわけです。しかも女の子のほうが、強く母親に注目するという特徴があります。同性なので、より「一体化しやすい」んでしょうね。

いずれにしても人間は、実際の母親であれ、母親代わりの誰かであれ、「母性」を頼りにして成長していく生きものなんだと思います。もちろん、あくまでチャクラの視点であり、わたし個人の見解なのですが。

第2チャクラが閉じるしくみ　その1

ただ、建設中の間も、魂が第2チャクラに全く立ち入れない、というわけではないんです。先ほども書きましたが、チャクラの視点では「イヤイヤ期」も魂が指示を飛ばして「試運転」をしている、と捉えることができます。物を突然投げたり、あぁ～っと急に叫んだりするのも、「なんだかよくわからないけどやらずにいられなくて」やってしまうわけです。それは、からだが魂の指示をちゃんと受け取れている、ということなので、むしろ「よいこと」と言えます。

そうは言っても……周りの大人は大変です。わたしは実際に子育ての経験はありませんが、保育所で働いていた経験があり、子どもはもちろん、おかあさんと接する機会も多かったので、子育ての大変さは想像できます。「よいこと」なんて思えないような場面もたくさんありますよね。でも、この時期の子ども達の「理由のない行動」や「脈絡(みゃくらく)のない主張」は、魂の指示に「突き動かされて」やっていることなので、やっぱり「よいこと」なんです。

ただ、母親というのは、大人として現実の社会の中で生きています。だから、どうしても「社会のルール」や「自分の中にあるルール」に当てはめようとしますし、「言うことを聞く子」「育てやすい子」を育てようとします。

たとえば、子どもが部屋で物を投げて散らかしていると、おかあさんは「あとで片づけをしないといけない」とか「物を投げるとあぶない」とか、反射的に思うわけです。それで、子どもから物を取り上げて「やめなさい！　どうしていつもおかあさんを困らせるの⁉」と言ったりします。よくある場面ですよね。

もちろん、大前提として、本当にあぶない場合は注意しなければいけないと思いますし、そっと取り上げることも時に必要です。時と場合による、ということをどうか念頭に置いて読んでほしいのですが、先ほどの場面で言うと、子どもは魂の指示に従って衝動的に動いていたわけです。魂の「試運転」ですね。でも、おかあさんからその行為を頭ごなしに否定されてしまうと、子どもは「魂の指示に従ってはいけないんだ」と、自分の中のハイヤーセルフの存在を否定してしまいます。

とは言っても、魂の指示によって部屋を散らかしていたなんて、本人は理解していません。無意識に働いているものだからです。だけど、おかあさんからの言葉って、子どもにとって「重み」があるんです。その「重み」の度合いは子どもによって違いますが、おかあさんが「大元」という感覚は、この時期の子ども達の多くが持っています。だから、こういったことが繰り返されていくと、次第に「自分は間違っていて、おかあさんが正しいんだ」と思うようになっていくわけです。

他にもこんなことがあります。

カラフルなキャラクターが描かれていて、プラスチックの派手な装飾が施された魔法のステッキのおもちゃを見て、「これがほしい!!」と子どもが言ったとします。

10歳頃までの子どもの「好き」には、明確な理由がないんですね。「なんだかわからないけど好き」だったり、「とにかく好き」だったり。あと、誰かや何かの「真似っこ」で好きになる場合もあります。人の真似をするのも、自意識が曖昧なこの時期の子どもの特徴です。いずれにしても、魂の指示によって、なんだかよくわからないけどそれを選ぼうとしているわけです。何度も言いますが、チャクラの視点では、それはすごく「よいこと」なんですね。

でも、たとえばですが、おかあさんが自然派志向の人で、「キャラクターの派手なおもちゃなんてとんでもない！」「プラスチックのおもちゃなんて絶対ダメ！」と、頭ごなしに否定したり、怒ったりしたとします。そういったことが繰り返されると

「自分は間違っていて、おかあさんが正しいんだ」と思うようになっていく。

あとは、添加物いっぱいのお菓子やファーストフードが食べたい、とねだる子どもと、それを食べさせたくないおかあさんとの攻防戦、みたいな場面もよく見かけますよね。おかあさんとしては、「我が子をいい人間に育てたい」「健康に育てたい」と一生懸命なんだと思います。

ただ、第2チャクラの建設中に、自分が感じていること、やろうとしていることを母親から一方的に否定されると、第2チャクラの建設がそこで止まってしまうんです。素直な子ほど、自分の魂ではなく、おかあさんに従おうとします。そして、そういう子をおかあさんは「私の言うことを素直に聞いてくれてえらい」と褒めます。

これが第2チャクラが閉じてしまう大きな原因のひとつです。

第2チャクラが閉じるしくみ　その2

もう少し、第2チャクラが閉じる原因の例を挙げたいので、わたしがチャクラの講座でよくお話ししていたエピソードを紹介させてください。

駅の構内にあるコーヒーショップのレジに並んでいた時のことです。

わたしの前に並んでいたのは、小学2年生か3年生くらいの女の子と、（会話の内容から推測して）そのおかあさん。おかあさんは、目がキリッとしていて、体型もしなやか。姿勢もよい。一方、女の子は目元がふにゃぁとやわらかい印象で、猫背ということもあるのか、丸みのある背中をしていました。

女の子はメニュー表を見ながら、「あれもいいなぁ、でもこの前も食べたしなぁ。あれはどうかなぁ、おいしいかなぁ」と、おっとりした口調で小さく呟きながら、しきりに迷っています。その様子を見て、おかあさんはとてもイライラしていました。

「ちょっと、あんた早く選びなさいよ」「いつまで迷ってんのよ」「もうすぐ順番来ちゃうでしょ」「あんたはいっつもそう」「学校でも準備が遅いっていつも言われてるし」「そんなんだとみんなに置いてかれちゃうよ」「○○ちゃんだったらサッと選んじゃうよ」「ほんと、早く選んでよ」「早く早く」「あんたはいっつもトロいんだから」

……。

おかあさんは女の子が選んでいる間中、ずっと、本当にずっと、まくし立てるようにその子に対して小言を言い続けていたんです。それでも女の子は選ぶことができなくて、焦りからか顔がどんどんひきつっていきました。結局、最後はおかあさんがレジで「これでいいわね」とメニューを決めていました。その女の子が力なく「うん」と頷(うなず)く姿を、わたしは今でも覚えています。

人のからだは物質なので、それぞれ「性能」が違います。

運動が得意なからだ、運動が苦手なからだ。手先が器用なからだ、手先が不器用なからだ。

それは、からだの元々の「性能」によるものです。成長の過程でできないことができるようになったりすることも多少はありますが、持って生まれた「性能」は、基本的には一生変えることはできません。変えられないからこそ、そこにその人自身の個性が現れ、本質が輝くわけです。

きっと、その女の子は元々おっとりしたタイプのからだを持っていたのかな、と推測します。だから、口調もおっとり。決めるのもゆっくり。反対に、おかあさんはなんでも素早くできるタイプのからだを持っていたのかもしれません。頭の回転も速くて、早口。側で見ていても、正反対の性質を持っている親子だとわかりました。

なんでもゆっくりタイプの女の子に「早くしなさい！」と叱ることは、その子が生まれ持った「性能」そのものを否定することと同じなんです。たとえおかあさんにそんなつもりがなかったとしても、その子のためを想ってのことだったとしても、変えることのできない元々の性質を否定された子どもは、自分の存在そのものを否定されたように感じてしまったりする。そして、それが繰り返されると「自分は間違っていて、おかあさんが正しいんだ」と思うようになっていくのです。

なぜこのようなことが起きるのかというと、実は、**おかあさんも子どものことを、「私」だと思っている**からなんです。

先ほども伝えたように、子どもは元々はおかあさんの一部でした。おかあさんのおなかの中で育ったわけですから。おかあさん自身も、無意識に子どもを自分自身の延長として見てしまっているんです。すると、「どうして、この子は私が思う通りにやらないんだろう」「どうして、私と同じように考えないんだろう」って思うわけです。先ほど紹介したケースで言うと、なんでも素早くできてしまうであろうあのおかあさんには、自分よりもゆっくり行動する子どものことが理解できないのかもしれません。もしくは、いくら言っても変わろうとしない（ように見える）その子のことが理解できないのかもしれない。いずれにしても、無意識に我が子を自分自身と「同一化」してしまっていて、自分と子どもとの「性能の違い」が見えていないんですね。

　それから、別のケースですと、子どもの失敗や悲しみを、完全に自分のこととして捉えてしまっているおかあさんもおられます。これも、おかあさんが子どもを同一化してしまっているから起きることなのですが、そうなると、我が子が失敗しないように、我が子が悲しまないように、と子どもが行きたい方へ先回りをして、「転ばぬ先の杖（つえ）」を用意しまくったり、場合によってはその「転ばぬ先の杖」さえも取り上げて、行く道を塞（ふさ）ごうとしたりします。これも、子どもの第2チャクラの成長を遮（さえぎ）る原因になってしまうことがあるんですね。いずれにしても、**おかあさんがどんな想いでやってあげたことなのかは、関係ない**んです。

子どもが10歳くらいになるまで、おかあさんは本能で子どもに寄り添おうとします。だけど、時代だったり、これまでの教育のあり方だったり、はたまたそのおかあさんのチャクラの状態だったりが、我が子への教育やしつけに反映されて、知らず知らずのうちに子どもの第2チャクラの成長を妨げていることがあるんです。現代社会そのものが、健全な第2チャクラが育たない構造になってしまっている、とも言えるかもしれません。

実際、わたしがカウンセリングをしていた体感では、約9割のクライアントさんの第2チャクラが閉じすぎているか、開きすぎて傷ついていていました。そして、みなさん、自覚している人ばかりではないですが、多かれ少なかれ、おかあさんとの間に何らかの問題を抱えていましたね。コーヒーショップで出会ったあの女の子の第2チャクラも、ちゃんと成長して開いているといいなぁ、と思います。

さて、念のためお伝えしておきますが、わたしは「子育ての正解」についてお話ししたいわけでは決してないんです。そして、誰かを非難したり、否定したりしているわけでもありません。これはあくまで第2チャクラが閉じるしくみのお話であり、チャクラの視点のお話です。ご自身が現在子育て中であったとしても、まずは自分のおかあさんとどのように関わってきたか、を思い出すきっかけにしてくださいね。

第2チャクラが閉じる原因の一覧

ここで、第2チャクラが閉じる原因について、わたしの見解をまとめていきます。以下の体験をしたとしても、必ず閉じるというわけではありません。個人差があることをご理解くださいね。

［1～10歳頃の間に……］

●**母親との関係が希薄だった**（母親と会えない状況が長期間続いた、元々母親が不在など）

●過干渉や過剰な心配から、母親に自由を奪われた

●自分は母親に愛されていないと感じた（母親は愛情を注いでいたつもりでも、本人がどう感じていたかが重要）

●母親に高い頻度で理不尽（りふじん）に叱られたり、強い口調で怒鳴られたりした

●母親に自分の表現（歌や踊り、絵や工作など）**やセンス**（洋服や物選びなど）**を否定されたり、バカにされたりした**

●母親に甘えられず、早く成長しなければならなかった（弟や妹ができて「お姉ちゃん（または、お兄ちゃん）らしくしなさい」と言われ続けたなど）

●母親に、誰かと比較して否定された（「◯◯ちゃんはできているのに」、「◯◯君より遅いからダメ」、「あんたはあの◯◯にソックリ（ネガティブな意味として）」など）

●自分が望まないことや苦痛を感じること（習いごとや勉強、色や洋服など）**を母親に強制された**

●母親に生まれもった性質を否定された（例として「あんたはトロい」、「あんたは声が変だ」、「あんたは頭が悪い」など）

●**母親の言葉や態度で、自分が母親にとって迷惑な存在だと感じた**（例として「なんでいつもおかあさんを困らせるの」、「あんたがいなければ苦労しなかった」、「あんたのせいで私は自由がない」、「あんた、邪魔」などの言葉をかけられたり、そう感じる態度をあからさまに取られた）

●**母親の意識が、自分に向いていないと感じた**（自分以外の人やもの、ヴァーチャルコンテンツやスマホなどに夢中）

など

あくまで一部ですが、右記の一覧を読んで、自分が1～10歳頃のことを思い出してみてこころ当たりがある人は、第2チャクラが閉じたまま大人になっている可能性があります。また、42～43ページのセルフチェックでは閉じすぎに当てはまらなかったという人も、一覧にこころ当たりがあるのなら、ご自身の第2チャクラを改めて感じてみるといいかもしれません。

さて、ここから詳しく解説していきますが、まず、「母親」は、実の母親でなければばいけないわけではない、ということを最初に伝えておきますね。養母であれ、祖母であれ、場合によっては父や兄姉であれ、大事な点は「本人が母親（もしくは母親代わりの存在）だという認識で接していたかどうか」ということです。そのため、実のおかあさんが不在であっても、「母親として慕（した）っている存在」がそばにいて、その存在から「自分は愛されている」と本人が思えていたなら、第2チャクラは健全に育ちます。この時期の子どもにとって必要なものは「母性」。この時期に、母親か母親的な存在による純粋な母性にたっぷり触れて、愛されて育ったか。そこが第2チャクラの成長にとって何よりも重要なことなんですね。

チャクラの視点で言うと、母性の役割は「目の前の相手を受け入れ、許すこと」だとわたしは捉えています。1～10歳頃の子どもは、おかあさんからの「許し」をひたすら求めているんですね。子どもにとっての「許し」とは、ありのままの自分を丸ごと受け入れてもらうこと。存在そのものを許されること、なんです。

この時期の子どもは、自分の中で湧き上がる「魂からの指示」と「おかあさんからの指示」を、天秤にかけている時期。とは言っても、第2チャクラが完成しない間は魂としっかりつながることができないから、自分の「大元」はおかあさんなんだ、という感覚の方がまだ強い。だから、どうしてもおかあさんの指示や言葉、想いを自分の中で優先させてしまうんですね。

また、一覧にもあるように、生まれ持ったからだの性質や特徴を何度も否定された場合もそうなりますし、虐待行為があったなら、繰り返さずとも「一発アウト」で第2チャクラの成長が止まってしまいます。

第2チャクラが閉じすぎている人に共通しているのは、無意識のうちに、おかあさんが喜ぶ生き方を選んでしまっている、ということです。ただし、本人に自覚がある場合と、ない場合があります。わたしがカウンセリングをしていた頃のクライアントさんも、ほとんどの人は自覚なく「おかあさんが喜ぶ（喜びそうな）生き方」を選んでいました。パートナー、仕事先、服装、髪型、言葉遣い、そして自分が好きな食べものまで。「おかあさんが許しそうな範囲」を超えないように、無意識に選ぶ習慣を身につけてしまっている。**知らず知らずのうちに、おかあさんを魂の操縦席に座らせてしまっているんですね。**

最近、「セルフラブ」や「自愛」という言葉をよく見聞きするようになりました。

第2チャクラの支配行動に「自分を愛する」がありますが、まず愛されないことには愛し方なんてわかるはずもないんです。


ありのままを許されたときに、人は「愛された」と感じるんじゃないでしょうか。

愛するとは、「ありのままを理解し、受け入れ、許す」ということなんですね。

ごくシンプルに、あえて言い切ってしまうなら、**第2チャクラが閉じすぎた人達は、「おかあさんから許されなかった」人達なんです。**

第2チャクラ閉じすぎさんの特徴

さぁ、みなさん。ここまで読み進めてきてどうでしょう。

きっと、過去を振り返ることも多いでしょう。もしかすると、もうすでにグッタリ白目で思考がフリーズしてしまっている人もいるかもしれません……！

実は、わたしのチャクラの講座、特に、この第2チャクラのお話では、受講者さんが毎回グッタリされます。でもまずは、このしくみを知ることが大切なんですね。**知った時点で、第2チャクラの傷の9割が癒されています。チャクラは意識を向けられることで、癒されていくんです。**だから、講座が終わると、みなさん、ホッと安心した表情をされているんですよ。講座の中では、原因の解説などはもちろん、簡単に取り組めるケアも実践するので、第2チャクラが開いて、安心感に包まれるんでしょうね。

なので、あともう少しだけ、ご自身の第2チャクラに意識を向けてみましょう。もちろん、無理はしないように。そして、ご自身を決して責めないであげてくださいね。では、「第2チャクラ閉じすぎさん」の特徴の一部を、ここで改めてまとめたいと思います。普段のご自身を振り返りながら、読み進めてみてくださいね。

- **自分のことがよくわからない**
- **自分がどうしたいかがわからない**

●無意識に母親が喜ぶこと（納得すること）をしている
●自己評価が低く、「私なんか」「自分なんて」などの自分を卑下（ひげ）する言葉が口グセ
●何事も自分で決められず、すぐ人にアドバイスを求めようとする
●漠然とした不安を常に感じている
●自分のキャパシティを超えて、頑張りすぎる（たとえば、過労など。無意識だから、キャパを超えていることにも気づかない）
●周りに溶け込みたくて、無難なファッションや髪型をする（もちろん無意識に）
●自分がどんな人に惹かれるのか、どんな人と合うのかがわからない
●人から嫌われることや否定されることがこわい
●パートナーシップがうまく築けない
●性的な話題（「下ネタ」を含む）を避けたり、嫌悪する
●性行為を避ける
●子宮まわりのトラブルが多い（月経痛や月経不順など）
●腰の痛みがよくある。またはぎっくり腰がクセになっている

●**子どもを産むこと**（授かること）**が怖い、もしくは抵抗がある**
●**誰かに過度に依存する**
●**甘いお菓子**（ケーキ、チョコレート、アイスクリームなど）、**小麦製品、ヴァーチャルな世界**（ゲームやアイドルなど）**に、過度に依存する**
●**好意がある、興味がある人や物への独占欲と嫉妬心が強い**
●**慕っている友人や尊敬する先輩の「真似っこ」をする**
など。

男性の場合も同様で、基本的には同じような特徴が現れます。特に、パートナーや周りの女性に対して「おかあさんの代わり」を求める傾向が強くなります。

さて、いかがですか？　こころ当たりありまくりで「ドキッ」としてしまうような項目もあるんじゃないでしょうか。これらは全て、第2チャクラが閉じすぎている人に現れる特徴の主な代表例です。この中に「自分の性格はこう」「こういうところは自分のダメな部分」って思っていたことが書かれていたかもしれませんが、これらはただ単にチャクラが乱れているときの反応なので、チャクラが整えばその人の中から自然に消えていく特徴ばかりです。**これらはあなたの元々の性格や体質じゃないんです。あなたの欠点でもないんです。チャクラが乱れているだけ**、なんですね。あくまでチャクラの視点でのお話ですが、そう思うと、すごく希望がありますよね。

ここで、特に注目してもらいたい特徴を、少し解説したいと思います。

──自分のキャパシティを超えて、頑張りすぎる

第2チャクラが閉じすぎていると、自分のキャパシティの限界がわからなくなるんです。さらに、「自分は頑張らなければいけない」という思い込みも強いので、自分の能力以上の力を出そう、出さなければ、と常に自分を追い込んでいます。完全にワーカホリック（常に働いていないと気が済まない状態）になっている人もいます。しかも、自分が限界を超えて頑張りすぎている自覚がないんですよね。「自分はダメな人間だから、頑張らなければいけない」「自分は元々仕事ができないから、これくらいやら

なきゃついていけない」「みんなこれくらい頑張っている」と、無意識に思い込んでしまっている。別の言い方をすると、「無価値感」（自分には価値がない、という思い込み）がとても強いんです。

さらに、わたしがカウンセリングをしていたときのクライアントさんは、「向いていない職業をあえて選んで、極限まで自分を追い込んでしまって疲弊（ひへい）している」というパターンがとても多かったですね。社会全体を見ても、そういう人ってすごく多いんじゃないでしょうか。これは、第2チャクラの成長期に「許される」という体験が少なかった人の特徴でもあります。きっと子どもの頃におかあさんから、自分のありのままの状態や元々のからだの性能を、許してもらえなかったんだと思います。だから「自分はダメな人間だから、頑張らなければ許されない」という無意識の思い込みが、その人の根底に根深くできてしまうんです。

そうなると、周りから心配されるほど仕事で疲弊していても、自分から「状況を変える」「仕事から離れる」とは決められませんし、そういう考えが浮かびません。もっと言うと、何が好きで何が嫌いか、何がここちよくて何が不快か、それ自体が「よくわからない」から、疲れ切っている自覚もないまま走り続けてしまいます。「もう十分よ」。「よく頑張ったよ」。第2チャクラ閉じすぎさんは、そんな「許しの言葉」をひたすら待ち続けているんです。自覚がある人・ない人、それぞれですが、みんな、おかあさんからの許しを待っているんですね。自分で決められないんです。

わたしはそういうクライアントさんに出会うと、いつもこう伝えていました。「もう十分ですよ。そんなに自分をいじめないであげてください。つらいのなら、辞めて大丈夫なんですよ。つらいのなら、離れて大丈夫なんですよ。もうからだにも出ているじゃない。こころもグラグラじゃない。ね？　もうとっくに限界だったんですよ。よく頑張りましたね。本当に、よく頑張りましたね。ここまでやったんだから、そろそろ自分を許してあげてもいいんじゃないですか」

わたしは男ですが、自分の中の母性を総動員させて、その人の「オカン」になったつもりで「許しの言葉」のオンパレードをクライアントさんに投げかけていましたね。それでも、自分で状況を変えられない人は多かったです。頭ではわかっていても、できない。行動を起こせない。やっぱり、実際のおかあさんからの許しの言葉を、こころの奥底ではずっと待っているんだろうと思います。

――パートナーシップがうまく築けない

この特徴は、第2チャクラの成長期におかあさんとの関係性が適切に築けていなかった場合に現れます。

わたし達が生まれてから最初に「パートナーシップ」を築くのは、そう、おかあさんなんですね。おかあさんとの関係性は、いわば「パートナーシップ」の基礎になります。その基礎が、大人になってもずっとその人に影響を与え続けるんです。

たとえば、おかあさんに「愛されてこなかった」と思っている人は、常に「自分は愛されないんじゃないか」という不安を人に対して抱き続けますし、「自分は愛されない」という思い込みが基礎にあるので、「人から愛されなければ」と、必死になってしまいます。「LINEやメールの返事が遅いと不安」「相手が浮気しているんじゃないかと不安」「自分が嫌われるんじゃないかと不安」といったパートナーシップで感じる不安感も、チャクラの視点から見ると、全ておかあさんとの関係が影響しています。「私のこと、本当に好き?」と必要以上に確認しすぎてしまったり、不安から相手の行動を逐一チェックしたりして、パートナーから「(気持ちが)重い」と指摘されてしまうことが多いのも、第2チャクラが閉じすぎている人の「あるある」な特徴です。最初の「基礎工事」が間違ってしまうと、その基礎の上にたつ建物も不安定になりますよね。それと同じです。

また、パートナーを求めているのになかなか恵まれない、という人も多いですね。自分がどういう人が好みのタイプなのか、どういう人が合っているのか、そういったことがそもそもわからない。さらには、人を好きになる、という感覚も本当のところよくわかっていない。そういうことから、恋愛は受け身になりがち。洋服や髪型も、「パートナーとして選んでもらえそうな」「結婚できそうな」無難なスタイルを無意識に選んでしまいます。「モテ○○」「愛され○○」といった、「相手に選ばれるため」が前提の洋服や髪型、メイクで必要以上に媚(こ)びようとする人も。自分の個性を打ち出すより、とにかく「選ばれたい」んですね(そもそも、第2チャクラが閉じていると「個性」が消えていくのですが……）。選ばれたい一心で、「ぶりっ子化」しちゃう人も。誰かに選ばれることで、自分の価値を見出そうとしているんです。そして、お付き合いすることになったらなったで、無意識に相手に主導権を渡してしまい、自分の方が疲れてしまったりします。

もっと言うと、そもそも恋愛や結婚自体、本心からしたいと思っているのかどうか、自分でわかっていない人も多いんです。紐解いていくと、実は「おかあさんを納得させたい、おかあさんを喜ばせたいだけだった」ということもよくあります。こういう場合、とにかく誰でもいいから早く誰かと結ばれたい、と躍起になります。

また、恋愛自体を避けようとする人もいます。これは、昨今よく話題に上がる「アロマンティック（アセクシャル）」という、元々恋愛や性交に興味がない人達のことではなく、恋愛することに対して嫌悪したり、必要以上に避けようとしたりする人達のことです。これも、おかあさんとの関係の築き方が影響を与えている、と、チャクラの視点では捉えます。

——性的な話題（「下ネタ」を含む）を避けたり、嫌悪する
——性行為を避ける

先ほど紹介した「恋愛自体を避けようとする」という特徴とも共通していますが、第2チャクラ閉じすぎさんは、性の話題に対して苦手意識が強い人も多いです。こういった人は、たとえば、一緒に会話を楽しんでいた友人達が「下ネタ系」の話題を始めると、どうリアクションしたらいいかわからず、その場でうっすらと微妙な笑みを浮かべたまま固まってしまったり、聞いているだけで恥ずかしくなって思わず下を向いてしまったりした、ということがよくあるかもしれません。性の話題が、何か「いけないこと」のように感じて、ざっくばらんに話せないんですよね。

それは、第2チャクラのテーマに「性交（セックス）」があり、第2チャクラが閉じてしまうと、性に関するテーマ全般が、その人の中から失われてしまうからなんです。性行為そのものが苦手、という人も多いですし、性行為をしても性的なオーガズムが得られなかったりします。第2チャクラが閉じすぎていると、ここちよさを体験した

り、自分を解放的な気分にさせたりすることができない、ということが原因でもあります。実際、性行為時に「本当の快感」を体験した、という第2チャクラ閉じすぎさんは、いないのではないでしょうか。

——子宮まわりのトラブルが多い（月経痛や月経不順など）

この特徴も性的なことに関連していますが、子宮まわりのトラブルを抱えている人が非常に多いですね。第2チャクラが閉じすぎているクライアントさんのほとんどが、何らかの不調を感じていました。第2チャクラが閉じてしまうことで、支配部位である子宮を含む女性器全体にプラーナが行き渡らなくなるからなんですね。

そして、子宮はストレスに弱い臓器として知られていますが、わたしの感覚では、特に「頑張りすぎ」の人に不調が現れやすいと感じます。第2チャクラ閉じすぎさんは「認められるため、必要以上に頑張る」という人が多いので、その影響もあるのかもしれません。

――誰かに過度に依存する

――甘いお菓子（ケーキ、チョコレート、アイスクリームなど）、**小麦製品、ヴァーチャルな世界**（ゲームやアイドルなど）**に、過度に依存する**

これらも注目したい特徴ですね。

第2チャクラには「甘える」「人の力を借りる」という支配行動があります。この支配行動を行うには、まず最初に、人への甘え方を学び、人の力を借りることを学び、その練習をする必要があります。もうおわかりかと思いますが、「練習相手」というのがおかあさんなんですね。

人は、第2チャクラの成長時期である1～10歳頃のあいだに、「（母親、もしくは母親代わりの人に）たっぷり甘える」という経験が必要です。この世界の中で、わたし達が唯一共依存の関係であることが許される相手が、おかあさんなんです。思う存分、甘えて、思う存分、依存して、丸ごと受け入れてもらって、初めて人は自分の足で立つことができます。人は、たっぷり人に甘える時期を通過しなければ、「自立」の段階を迎えることができないんです。

子どもの頃に、たっぷりおかあさんに甘えることができなかった人は、大人になってから「依存先」を探します。何かにつかまっていないと、立っていられないんですね。その「依存先」が恋愛の相手、という人もいますし、友人という人もいます。生活がままならないほどアイドルにどっぷり依存する人もいます。それから、中毒性の高いものに依存する人もいます。食べものでは、小麦、砂糖、カフェイン、お酒など。四六時中、ゲームに過度に熱中する人もいます。これらは「甘え方」の距離感を見失っている状態なんです。チャクラの視点で見ると、それは、おかあさんとの「練習」がうまくいかなかったからなんですね。

さて、いかがでしょう。

あまりにショック！という人もいるかもしれませんが、多かれ少なかれ、第2チャクラ閉じすぎによる不調や問題を、現代人は何かしら抱えていると思います。

第2チャクラ閉じすぎさんのこころの叫び

第2チャクラ閉じすぎさんは、実は自分の内側でこんな「こころの叫び」を抱えています。それは……

【私を許して！】

なんですね。

先ほども書いたように、閉じすぎている人達は、あるがままの自分自身を、そしてそのままの自分でいることを、おかあさんから許されなかった人達なんです。第2チャクラが閉じすぎていると、あらゆる行動、あらゆる思考が、全て「許されるかどうか」が基準になっていきます。別の言い方をすると、「褒められるかどうか」だったり、「認めてもらえるかどうか」だったり、「愛されるかどうか」だったり。自分以外の誰か、特に、おかあさんに許してもらえるかどうかが自分の中の判断基準になってしまうんですね。第2チャクラ閉じすぎさんは、普通に日常を送っていても、常に「私を許して〜！」と、こころの中で一生懸命叫んでいるんです。

でもですね。言うまでもないことではありますが、わたしは「こうなるのは全ておかあさんの責任」などということを言いたいわけでは決してないんです。何度も言っていますが、「子育て論」を伝えたいわけでもありません。今回、この本で伝えたいことのひとつに**「おかあさんの第2チャクラも傷ついていたんだ」**ということがあります。実は、おかあさんも「おかあさんから許されなかった人達」なんです。

おかあさんも、許されたい。認められたい。愛されたい。「私を許して！」というこころの叫びを、自分の子どもにぶつけてしまうこともあるんです。

自分の言うことを聞いてもらえないと、自分という存在を認めてもらえていないような気持ちになる。自分の選んだものを否定されると、自分が愛されていないような気持ちになる。第2チャクラが閉じすぎているおかあさんにとって、子どもは「自分自身」であると同時に、「自分の第2チャクラの傷を癒してくれる他者」でもあるんです。だから、子どもを許してあげないといけない時期なのだけど、**子どもを許す前に、自分が子育てによって許されたい、と思ってしまう**んですね。

たとえば、この本を読んでいるあなたが現在母親だったとして、自分の子どものありのままを許してあげられていないかも、と思うのであれば、それは、あなたも母親からありのままの自分を許されないまま、大人になってしまったからなんです。

そうやって、第2チャクラが「鎖国状態」になってしまうしくみが脈々と続いてきた、ということなんですね。だから、誰も悪くないんです。「時代のせい」とも言えます。

まずは、自分の第2チャクラの状態、そしてこころの声や叫びなどに気づくことが大事です。

「私はずっと、許されたかったんだ！」

「でもそれは、おかあさんにありのままの自分を許されなかったからかもしれない」

「そして、おかあさんもまた、許されないまま母になったのかもしれない」

この本を読んでいただいて、自分の第2チャクラの状態に気づき、そしてこのしくみを知る。その時点で9割の傷が癒されている、とお伝えしました。残りの1割の傷を、自分の手で癒していく。そのためにセルフケアがあります。

ぜひ、自分で自分の第2チャクラをケアして、傷を癒していってあげてくださいね。

☞「第2チャクラのセルフケア」は、114ページから

第2チャクラ開きすぎの話

※本コーナーでは、「死」に関すること、性的虐待、また自傷行為や自死を想起させる表現が多く含まれます。また、内面の探究を強く促すような内容も多く書かれています。読む際は、くれぐれもご注意ください。また、ここでの内容は、精神医療の観点からではなく、あくまでチャクラの視点からの見解であることをご理解ください。治療としての表現、病気の解説などは、一切しておりません。

さて、次は第2チャクラ開きすぎについてのお話です。

ここで誌上講座その1のおさらいをします。チャクラは開きすぎに傾くと支配行動が過剰に働いてしまい、その人の人間性そのものがアンバランスになっていきます。また、開きすぎると余分にプラーナを取り込みすぎてしまうので、支配部位の働きに不調が現れやすくなる、ということでしたね。

ただ、第2チャクラの場合、支配行動の全てが過剰に働くのではありません。特に、「性行為をする」「ゆるむ」「快楽を得る」「自分を解き放つ」といった行動が過剰に働き、その人の中で目立つようになります。

たとえば、第2チャクラ閉じすぎさんは「性」に関することに対して苦手意識が強いのですが、**第2チャクラ開きすぎさんは、逆に「性」に奔放になっていきます**。奔放すぎて、同時にたくさんの「セックスフレンド」がいることも。これは「ゆるむ」「快楽を得る」「自分を解き放つ」といった支配行動も同時に過剰に働いてしまうからなんですね。

また、アルコールやドラッグに溺れる人も多いのですが、これも同様に、「ゆるむ」「快楽を得る」「自分を解き放つ」の支配行動が過剰に働くことでそうなってしまうんです。

第2チャクラ開きすぎさんをひと言で表すと**「自己破壊タイプ」**。自分で自分を壊してしまいたい、という欲求が高まるんですね。

チャクラの視点では、その理由も、元を辿って（たど）いくと、おかあさんとの関係に行き着きます。第2チャクラは閉じすぎも開きすぎも、母との関係が影響するんです。

第2チャクラが開きすぎるしくみ　その1

第2チャクラは、母親との関係の中でも、特に、母親による育児放棄、母親が我が子に無関心（と、子どもが感じた）であった場合、開きすぎに傾くという特徴がありま す。

マザー・テレサの言葉に、「愛の反対は憎しみではなく、無関心です」というものがあります。もしかすると人は、周りから無関心でいられることがいちばん悲しいことなのかもしれないなぁ、とこの言葉を読むと思うんです。少なくとも、第2チャクラにとって「無関心」はいちばん悲しいことです。特に、おかあさんから関心をもたれないことは、第2チャクラをとても深く傷つけます。第2チャクラはとても繊細なので、成長段階で深く傷ついてしまうと「破壊」されてしまうんですね。

第2チャクラの開きすぎは、「第2チャクラが壊れてしまった状態」です。そういう意味では、第2チャクラ開きすぎさんは、閉じすぎさんよりもさらに深くチャクラが傷ついている、と言えます。

ここで、原因について、わたしの見解をまとめていきますね。以下の体験をしたとしても、必ず開きすぎるというわけではありません。個人差があることをご理解くださいね。

- **母親による育児放棄**
- **母親と会えない状況が長期間続いた**
- **母親の意識が、自分に向いていないと感じた**（特定の人物やもの、ヴァーチャルコン

テンツなどに夢中）

●**母親から長期間、無視をされ続けた**

●**母親から虐待を受けた**（暴力、暴言など）

●**存在否定の言葉を投げかけられた**（例として「あんたなんか産まなきゃよかった」「あんたさえいなければ……」など）

●**母親に愛されていないと感じた**（母親がどう思っていたかは関係なく、子どもがどう感じたかが重要）

など

あくまで一部ですが、以上のような原因が挙げられます。

ここで、わたしがカウンセリングをしていた頃のクライアントさん、A子さんを紹介したいと思います。プライバシーに関わることなので、その人についての細かい設定は変更しています。ご了承くださいね。

飲食店で働く30代前半のA子さんは、以前、セックスワーカーとして風俗店で働いていました。男性に対して性的なサービスを施す職業です。その仕事を辞めてからも、性的なことに関してはとても奔放で、カウンセリングをした当時もセックスフレンドがいたり、さらには年上の男性と不倫をしたりもしていました。もちろん、これだけで「第2チャクラが開きすぎている」とは言えません。そして、そういったことが「よくないこと」と言いたいわけでも決してありません。注目すべきは、「おかあさんの存在を意識して（そういうことを）やっている」という点でした。

A子さんのおかあさんも性に対してとても奔放なタイプだったようで、A子さんの父親以外にも愛人の男性が常にいて、休日になるとおめかしをしてよく出かけていたそうです。おとうさんは見て見ぬふりをしていたのかもしれない、と、A子さんはおっしゃってました。さらに、A子さんには弟がいたのですが、おかあさんは弟のことばかりかわいがっていたそう。自分よりおとなしく、従順だった弟と比べられては「あんたはあの子みたいに素直じゃない」「あんたはあの子よりかわいくない」と言われました。「あんたはおかあさんを困らせてばっかり」「あんたみたいな子、いらない」などと言われたこともあったそうです。

いつしか、A子さんは街の不良グループとつるむようになりました。16歳のときに両親が離婚したのをきっかけに家を出て、当時お付き合いしていた年上の彼と同棲を始めます。その後、その彼から暴力を受けたり、彼が警察に捕まって住む家がなくなったり、いろんなことがありました。何もかもがいやになって、命を断とうとしたこともあったそうです。その間も、母親と連絡を取ることもなく、そのまま疎遠状態になっていました。

A子さんは「あいつ（おかあさん）は私のことなんてどうでもいいと思っている」としきりにおっしゃっていました。言葉ではそう言っていましたが、こころの奥底で、A子さんは今も母親の愛を求め続けているのかもしれない、とカウンセリングをしていて感じました。

チャクラの視点で見ると、このA子さんは、典型的な第2チャクラ開きすぎさんなんです。

第2チャクラ開きすぎさんは「あえて、自分を汚そうとする」ところがあります。猛烈に自己評価が低く、その表れとして「自分を汚す行為」に走ってしまうんです。

誤解のないようにしたいのですが、誇りを持ってセックスワーカーの仕事に取り組んでらっしゃる方もいると思います。でも、A子さんに限っては、「自分を汚すために」その仕事を選んでいたんですね。わざと「幸せにならない恋愛」を繰り返したり、自分のからだを大切にせず簡単に人に明け渡したりするのも、「あえて自分を汚す行為」なんです。A子さんは、こころのどこかで「おかあさんの興味を引くため」にそういった仕事や行動をしていたのかな、と感じました。

第2チャクラ開きすぎさんは、「結局、私になんて誰も興味ないんでしょ……」と、周りの人を見限っています。でもそれは表面的なもので、深い部分では「自分から人が離れていくのではないか」という不安を同時に抱えていて、わざと周囲の注目を引こうとするところがあります。要するに、ものすごく「こじらせ」ちゃってるんですね。たとえば、「パラリラパラリラ~♪」と騒音を出しながらバイクを走らせている「ヤンキー」さん達。あれは、人の注目を引こうとしている、と言えます。だから、わざわざ大きな音を出す必要があるんですよね。実際、不良やヤンキーと呼ばれる人は、第2チャクラ開きすぎさんがとても多いです。

このように、第2チャクラ開きすぎさんは、「自分は誰にも興味をもたれていない」と言う割には、周りが「やめなよ！」と言いたくなるようなことや、「（警察に）捕まりたいの？」と思うような行為をあえてし続けます。それは、元を辿っていくと、やはりおかあさんとの関係が影響していることが多いんです。

ドラマや映画などで、立てこもりなどの犯罪行為をする我が子に対して、警察に呼び出された母親が拡声器を使って涙ながらに「やめなさ〜い！　人様に迷惑をかけないで〜！」と訴える、という場面、よくありますよね。そんな場面を観るたびに、最終的な「切り札」として登場するのは、やっぱりおかあさんなんだよなぁ、と思ったりします。

第2チャクラが開きすぎるしくみ　その2

第2チャクラが開きすぎる原因として、「母親からの無関心」のほかに、「性的虐待を受ける」というものがあります。おかあさんに限らず、誰からの虐待であっても第2チャクラはとても深く傷つきます。相手が男性でも女性でも、自分が男性でも女性でも同じです。また、被害に遭った年齢にかかわらず、性的虐待は第2チャクラを傷つけますが、特に第2チャクラの成長期である1～10歳の間に被害に遭ってしまうと、「ガッチャーン」と第2チャクラが強い衝撃を受けてしまうんです。深く傷つくことはもちろん、「（チャクラが）粉々に破壊される」という状態になってしまうので、開きすぎのほうに非常に強く傾いてしまいます。この場合、より「破壊的な行動」が目立ちます。また、開きすぎと閉じすぎの両方の特徴が極端に現れる、ということもあります（詳しくは252ページを参照）。

粉々になった第2チャクラは、回復するのにとても時間がかかります。こういったケースは、セルフケアだけでは回復が難しいことが多いので、専門機関や専門医、専門のカウンセラーに相談をすることも大切です。

第2チャクラ開きすぎさんの特徴

では、ここで「第2チャクラ開きすぎさん」の特徴の一部を、改めてまとめたいと思います。

- **孤独を常に強烈に感じている**
- **母親が困りそうなことやいやがりそうなことをわざと行う**
- **周りの人が困ることをわざと行う**
- **わざと人目を引く行動を取る**
- **報われない・幸せになれない、とわかっていながら不幸せな恋愛をする**（不倫、浮気を繰り返す、暴力を振るう人やひどい扱いをしてくる人をパートナーとして選ぶ、など）
- **子宮を含む女性器のトラブルが多い**

●「死にたい」「いつ死んでもいい」など、「死」を頻繁に口にする
●自傷行為を行う
●アルコール、ギャンブル、ニコチン、ドラッグ、買い物、ホスト（ホステス）、性行為などに依存傾向が表れる
●好意がある、興味がある人や物への独占欲と嫉妬心が強い
●窃盗、痴漢、万引きなどの犯罪行為を繰り返す
●群衆の中に身を置きたがる

など。

男性の場合も同様で、基本的には同じような特徴が現れます。

特に、異性愛者の男性は、女性に対してや女性との性行為に対して、過度に執着するケースが多いです。第2チャクラ開きすぎの男性が、肉体的にも精神的にも「ママ、ママ」を求めてスナックなどの酒場に入り浸る、なんてことは「あるある」です（「ママ」という名もそのままですよね……）。何度も浮気を繰り返す男性もとても多いです。

ただし、自傷行為を行うことやアルコールなどへの過度な依存傾向は、必ずしも第

2チャクラが原因とは限りません。カウンセリングの経験から、あるひとつの側面として第2チャクラの開きすぎが原因の可能性もある、という意味で書かせていただいています。

第2チャクラ開きすぎさんのこころの叫び

第2チャクラ閉じすぎさんと同様に、第2チャクラ開きすぎさんも「こころの叫び」を抱えています。それは……

【私に気づいて!】

なんです。

何度も言いますが、第2チャクラ開きすぎさんは、いつも人の注目を集めようとします。その根底にあるのが、「私を見てほしい」「私に意識を向けてほしい」という想いなんですね。その想いが強くなると、今度は「誰かに止めてもらうまで」自分を傷つけようとします。第2チャクラが開きすぎると「粉々に壊れてしまう」のですが、そんな状態になっているということを、自分自身を「壊す」ことで誰かに気づいてもらおうとしているのかもしれません。

こころ当たりのある人は、より第2チャクラのケアを意識してほしいですし、自分の力だけでなく、人の力も借りて、しっかり癒してほしいですね。

☞「第2チャクラのセルフケア」は、114ページから

さて、ここまでが第2チャクラ閉じすぎと開きすぎの解説です。

ここまで読んで「救いがあるの……⁉」と思うかもしれませんが、もちろん、救いはあります！　セルフケアによって、自分で自分を救うことができますし、人の力を借りて自分を救うこともできます。

完全に癒されるまで、時間がかかることもあるかもしれません。実はわたし自身も、

まだ癒しきれていない傷があると感じます。わたし達世代にとっては、第2チャクラを癒していくのが人生なのかな、とも思ったりするんです。でも、第2チャクラのケアを進めていくと、はっきりと自分の人生に影響が現れます。行動も、性格も、よい方向に変わっていくんです。だから、完璧に癒されることを急いで目指すのではなく、ひとつひとつ、自分のペースで傷を癒していってほしいです。それで十分なんです。

人は自分の環境を選んで生まれてくる

先ほども伝えましたが、魂って、成長するために生まれてきます。「人は親を選んで生まれてくる」という話を聞いたことがあるかもしれませんが、魂は成長のために最適な家庭や状況を選んで生まれてくるんですね。

わたしは、これまでの時代というのは、「魂に負荷をかける時代」だったと感じています。

たとえば土は、その中にいる微生物が、わたし達が出した排泄物や生ごみ、生きものの死骸などを分解して、それを栄養にすることで存在していますよね。植物も、わたし達が吐き出した二酸化炭素を必要とします。自然界、もっと言うと地球は、わたし達にとって不要なものを必要とする、という側面があるんです。

実は、魂もそうなんです。わたし達の表層意識は、こころが揺さぶられるような体験をすると、「苦しいー！」とか「悲しいー！」とか「怖ーい！」などといったネガティブな感情を持ったりします。魂はそれらの感情を栄養にして、成長していたんです。そして、それは同時に、この地球全体の意識レベルの成長にも役立っていました。

だから、わたし達はこれまで、魂の成長のために「精神に負荷がかかる人生」を選んでいたんですね。過酷な家庭環境に生まれたり、第2チャクラの成長を妨げる母親のもとに生まれたりするのは、自分の魂を成長させるために必要だったんです。そしてそれは地球の成長・進化にも必要なことでした。

「人は神の分け御霊（みたま）」という考え方がありますが、肉体を持つ以前のわたし達は、元々大きな大きなひとつの「ファミリー」でした。その「ファミリー」全体の成長と進化のために、大変な役回りを買って出る勇敢な魂の持ち主がいるんですよね。もしもこれまでに大変な人生を歩んできたとしたなら、あなたはきっと「ファミリー」全体のためにそういう人生をあえて選んだ、勇敢な魂の持ち主なのだと思います。

これまでの地球は、まるで戦後の日本の「高度成長期」みたいな時代でした。「アタック№1」よろしく、苦しくったって、悲しくったって、それでも「コート」に立ち続ける時代だった。ただ、ようやく今、その時代は終わりを迎えようとしているんですね。

まだまだ世界全体に目を向けると、「成長した」とは言い切れない、荒れ果てた地域もあります。でも、日本に限って言えば、戦時中のようなひどい環境ではありませんし、食べものも物も当時よりは豊かです。日本人全体の意識レベルも上がってきていて、ある程度の成長を迎えつつあるんです（もちろん、いろいろな状況はあるにせよ）。この日本では、もはや人間関係ぐらいしか魂の成長の機会がなくなってきているのかもしれません。

でも、そろそろ終わっていい。わたし達の魂はもう十分成長したんです。苦しいことも悲しいことも、もう十分体験しました。「魂の成長」でボロボロになったチャクラを、これからしっかりケアしていってほしいなと思います。

【みれいメモ】

ひゃあー！　第2チャクラ、閉じすぎの話も開きすぎの話も、言葉にできない……いや、あえていうなら「ガーン」という感じでしょうか。ドラマでよくあるピアノで低い音をまとめて「ジャーン」って弾く感じというか。だって！　現代社会の中で母親が「だめ」「危ない」「早くして」って言わないでいるほうが難しい（↓第2チャクラ閉じすぎへ）。また日々の暮らしの中、母親自身が充分に子どもに目を向けられない時間もあるはず（↓第2チャクラ開きすぎへ）。はい、わたしの第2チャクラももれなくズタボロでした（詳しくは247ページへ）。それでも、①この事実に気づけたということ、②ケアする方法があるということ、③地球の高度成長期状態が終焉(しゅうえん)を迎えているらしい（！）、ということが救いだなと思います。「何をおいても、自分の状態に気づくことから」。今の自分の子育てに対して反省したくなっても、ひとまず脇に置いておいて、まず、どんな自分であれ責めないで共感することから、でしょうか。誰もがもっともっと自分の味方でいていいと思うんです。

kai&みれいトーク

いよいよ、自分を愛するために
私という車のハンドルを私が握る時

みれい　みなさん、42〜43ページの第2チャクラのチェックをしてみて、いくつチェックが入ったでしょうね？

kai　閉じすぎも開きすぎも3個までは許容範囲ですね。「3個までなんて少ない！」と思われるかもしれませんが……。みれいさんはどうですか？

みれい　これはこれで、ちょっと言いづらいんですが、実は、たった今チェックしたところではゼロなんです。しかし！　20代、30代の頃は……と思い返すと、閉じすぎでは6、7個はありますね。

kai　わたしも以前はそうでした。「下ネタ」は、今も昔もまったく大丈夫なんですが（笑）。

みれい　（笑）。

kai　それぞれのいくつかの項目は、今でも時々チェックがつくことがありますね。

みれい　はい。わたしも同じです。ただ、20代、30代は、たくさんついていたけれど、どうして今日の場合はゼロだったのか。何か自慢をしたいわけではなくて、「ズタボロだったわたしでも、ゼロにしていけた」ということをお伝えできたらと思うのですが……。

kai　はい！　たくさんチェックがついた人も、今後減らしていくことができるっていうことなんですよね。ちなみに、閉じすぎのチェックに11個以上ついた人は、ずばり「鎖国状態」です。でもね！　ここからなんです！　チャクラって閉じていれば閉じているほど、その人にポテンシャルがあるってことなんです！

みれい　なんとなんと、うれしいお言葉！

kai　閉じすぎているチャクラは、いつも目を向けてほしがっているんです。だから、「鎖国状態だった」ということに気づくだけで、チャクラにエネルギーが流れ始める。そこから始まるんです。4〜7個、それぞれチェックがついた人も、ここからまだまだ整えることができます。チャクラが乱れまくっていた人ほど、ケアを進めていくと劇的に変化することがあるんです。

みれい 実際に第2チャクラの講座を行ったときも、ご紹介したチャクラケアをした結果、1〜2ヶ月でチェックの数が減った、という人が続出していましたものね。「あれ？ 気づいたら減ってる！」って。

kai そうです！ そうじゃないと、こんなチェック、わざわざしません！

みれい この本を読んでいるみなさま！ 鎖国していても、必ず開国してまいります！

kai ちなみにみれいさんが、6、7個ついていた時期というのは、心身はどんな状態でしたか？

みれい とにかく不安でならなかったです。常に何が正解かわからない状態でした。たとえば、彼氏がいたら、その彼氏の顔色ばかりうかがってしまったり。

kai うんうん。第2チャクラ閉じすぎさんの特徴に「LINEの返事が遅いと、すごく不安になる」というものがあります。

みれい わかる！ わたしの20代でいえば、電話をしても折り返しがなかったりするともうハラハラしてしまって。

kai　わかりやすく「好き」ということを示してもらわないと不安になるんですよね。

みれい　はい！　その通りです。とにかく、彼氏が好きそうな格好をして、彼氏の好みの態度をとるしかないというか……今思うとまったく信じられないですが、本当に自分というものがないというか、ふらふらしていたし、底なしに自信がなかった。とにかく「私」がなかったなと思います。

kai　そうなんですよね……。

みれい　しかもですね、不安がない、自信がない、わからない、それプラス「チャラい」というのもありました。第2チャクラと関係あるのかどうかわかりませんが、当時のわたしはものすごくチャラかった……。

kai　「チャラい」……それを「浮ついた状態」と言うとしたら、わたしもそうだったかもしれません。

みれい　どうしてチャラかったと感じるかというと、「外側の情報」に自分を委ねていたからです。人の意見とか、周りの人の動向、流行などに、いつも振り回されていました。同時にそういう状況に疲弊してもいて……。

kai　第2チャクラが閉じていると、「（自分にとっての）正解」を外側の情報に委ねすぎてしまうんです。みんなに合わせることで「私は正解」と安心できる、というか。

現代人は第2チャクラが傷ついている

みれい それにしても現代人、特に日本人で、第2チャクラのことを聞いて、最初からまったく問題ないという人のほうがめずらしいですよね。

kai かつてセッションをしていたとき、第2チャクラが傷ついているクライアントさんにたくさん出会いました。

みれい 家庭環境だったり、社会的な環境だったりを見渡しても、今までの社会は「私という車を私が運転する」という社会では決してなかったと思うんです。もちろん、現時点でもそうではないですよね。大人達も傷を負ったまま、その傷を刺激されて、そうして、恐怖心や心配や不安感、罪悪感をつつかれて、「外側の正しさ」に合わせようとしている人が本当に多いとわたしは感じています。「幼稚園に遅れる！早くお着替えして！」みたいなことから始まって……なんですが……まず、親が、「ちゃんとしなきゃ」「しっかり稼がなきゃ」などなど、「こうあるべき」に振り回されている。大人自身が、丸ごと自分を全肯定していないし、そもそもそうできるような社会構造になっていない気がします。つまりは、子どもを育てる側の大人が、「自分以外の何か」を魂の操縦席に座らせてしまっている。そういう構造になっているということが、この第2チャクラの話を聴いてわかってきて、もうわたし、脳震とうを起こしそうなくらいショックを受けているんですよ……。

kai　わかります。

みれい　何、これ！　すごい世の中に生きていたんだ！って。ただ、どんなに第2チャクラがズタボロだったとしても、いろいろな方法でケアしていけるんですよね！　それがただただ希望です。

kai　はい！　「あきらめないで！」と言いたいですね。

みれい　今回第2チャクラにフォーカスした話を聴いて、いろいろな思いが出てくる方もいると思いますが、「気づいたら9割癒されている」というkaiさんの言葉を胸に、自分が自分のママになって、一瞬一瞬、自分を許してあげたらいいのかなと感じます。

kai　本当にそうです！　ここで話していること自体を、子どもの頃の自分が聞いていると思って……。読んでいるだけでもどんどん癒しが始まっていく。

みれい　ね！　人間は、こころもからだもよくなっていくときに、一度、一見悪くなるような「好転反応」を起こしてから、本当に改善する、というしくみをもっています。毒出しがあると、一見その時は大変だけれど、その後、すっきり快復します。講座でも、眠くなったり、吐き気がしたり、頭痛がしたり、と、好転反応が出る方がいましたが、みなさん、みるみる元気になっていかれました。このあとご紹介するケアの方法を読んでいる途中からでもケアをしながら、安心して読み進めていただけたらと思います。表面意識は「反応」していたとしても、魂はきっとホッとしているんじゃないかなと思っています。とにかく、不安になったりモヤモヤ、ザワザワしたら、この本に載っているケア方法をまずは試してほしいです。また誰かに助けを求めたり、話を聴いてもらうこともぜひご自身に許してあげてほしいです。本当に、もう、頑張らなくていい。頑張らなくても、大丈夫なんです、と声を大にして言いたいです。

第2章
第2チャクラは今からすぐケアできる

暮らしのなかでできるセルフケア

いよいよ、ここから自分の手でチャクラをケアする方法を紹介していきますね。

チャクラのよいところは、なんと言っても自分で整えることができる、という点です。それぞれのチャクラの乱れに合ったセルフケアを適切に行えば、チャクラはちゃんと反応してくれます。

わたしがみなさんにご紹介したい第2チャクラのセルフケアは、大きく分けて次の3つの方法です。

①日々の習慣を変え、新たな行動を加える
②ヒーリングワードを唱える
③ハーブティーを飲む

ここでは、わたしがこれまで行ってきたカウンセリングでクライアントさんに実践してもらったり、自分を実験台にして試したりして、はっきりと効果を実感した方法を紹介します。どれも大掛かりな器具はいらないし、すぐに日常に取り入れられるものばかり。中には、こんなことで整うの？って、驚いてしまうようなセルフケアだったり、「おまじない」のような不思議な行動もあったりしますが、どの方法もわたしの中ではしっかりと意図があって伝えさせていただいています。

ただし、第2チャクラの傷が深い場合、セルフケアを行ってもすぐに効果を実感できない場合があります。第2チャクラの傷は、ほとんどが子どもの頃にできたもの。もはや、「傷からの行動」が自分の基礎になってしまっていることも。そうなると、チャクラの乱れはかなり根深いところまで到達しているので、セルフケアを行っても、癒されるまでに相当時間がかかることがあります。

さらには、第2チャクラは言ってみれば「ラスボス的」なチャクラなので、癒されるまでに何段階も「壁」のようなものがあります。人によっては、セルフケアを行うことに抵抗があったり、腰が重かったり、必要なのはわかっているのに見て見ぬふりをしたり、と、セルフケアを行うというところまでいけない人もいます。

でも、この本で紹介するセルフケアは、本当に簡単にできるものばかりです。実際に取り組むことができれば、時間はかかるかもしれませんが、次第に第2チャクラが整っていくのを実感できるはず。根気強く、実践していただきたいですね。

さて、**これから紹介するセルフケアは、閉じすぎの人も開きすぎの人も、両方行える方法**です。第2チャクラ閉じすぎも開きすぎも、大元の原因は「おかあさんとの関係」によるものが多いので、セルフケアの方法も基本はほぼ同じなんです。

では、さっそく、第2チャクラをケアする方法をご紹介します。

①日々の習慣を変え、新たな行動を加える

日常の中で何気なくやっている習慣を変えたり、新たに行動を加えたりすることで、チャクラの乱れを整えていきます。いくつか紹介しますので、取り入れやすいものにトライしてみてください。

※効果・体感には個人差があります。また、治療目的では行わないようお願いいたします。

下腹部と腰を温める

第2チャクラが位置している下腹部あたりを温めます。

第2チャクラのエネルギーが乱れている人（閉じすぎさん、もしくは開きすぎさん）は、下腹部あたりがとても冷えているんですね。チャクラの視点で見ると、その部分のプラーナの循環が滞って乱れているか、プラーナ自体が不足しているときに、人は「冷えている」と感じるようです。

特に、第2チャクラが閉じすぎている女性の多くは、子宮まわりと腰がとても冷えています。プラーナが滞っていることはもちろん、「自分のキャパシティを超えて頑張りすぎている」というサインとして、下腹部の冷えや不調が現れていることも。いずれにしても、第2チャクラの乱れからきています。

オススメは**半身浴**です。

下腹部の冷えを強く感じる人は、できるだけ毎日行うことがよいでしょう。以前のわたしは第2チャクラがとても乱れていたのですが、チャクラのケアの最初の一歩として半身浴を取り入れてから、自分にとってみるみるよい変化がありました。

特に実感したのは、安心感が増した、ということ。当時のわたしはこころの中がいつも不安でいっぱいでしたが、半身浴を毎日行っていくうちに、日に日にこころが安心で満たされていくのがわかりました。あくまでわたしの体感ですが、半身浴は第2チャクラにとってとてもよい効果をもたらすものだと実感しています。

他にも、腹巻きをしておなかを冷やさないようにする、カイロを腰に貼って温める、などの方法があります。

半身浴の方法

冷えとり健康法による半身浴の方法です。

(1) 37〜39度くらいのぬるめのお湯で行う
(2) 胸から下の部分が、お湯に浸かるようにする
(3) 腕も外に出しておく
(4) 20〜30分以上行う（この方法なら何時間でもOK）

【みれいメモ】

＊時々20〜30秒間、肩までつかっても、最初と最後温度を上げてもOK。
＊追い焚き機能がない方は、お湯を足しながら（少しずつ抜きながら）入るのがオススメです。
＊お風呂の中では、本を読んだり、ぼーっとしたり、眠ったりするのもオススメです。

参考資料：進藤義晴『新版 万病を治す冷えとり健康法』（農山漁村文化協会）

海に浸かる

第2チャクラは、海に浸かるだけで癒されていくんです。それは、海水の成分バランスがおかあさんのおなかの中の羊水とよく似ている、という説があることと関係しています。夏になったら海水浴へ出掛けて、ぜひ腰まで浸かってみてください。さらに、頭までザブンと浸かって、羊水の中を漂うイメージをしてみることで、より高いヒーリング効果を得ることができますよ。マリンスポーツにチャレンジするのもとてもよいですね。

第2チャクラが閉じすぎていると、海に浸かることに抵抗を感じたり、海に対して「怖い」というイメージを持ってしまっていることがあります。そういう人は、まずは海辺に出掛けて、海を眺めたり、海風に当たるだけでもよいです。海辺の町に住むのも、第2チャクラのケアになるんですよ。

海から遠い土地に住んでいて、気軽に海水浴に行けない、という人は、お風呂に浸かるときに、天然の粗塩（大さじ約2杯）を溶かして入ってみてください。海のエネルギーを気軽に取り入れられるので、第2チャクラのケアになります。

快適な睡眠環境を自分に与える

突然ですが、あなたはどんな睡眠環境で寝ていますか？　どんなパジャマで寝ていますか？　睡眠環境は、あなたがどれだけ自分を大切にしているかが表れるような気がします。長い期間洗っていないシーツで寝ていませんか？　穴だらけで捨てる寸前の部屋着をパジャマにしていませんか？　たとえば、自分の子どもにそんな睡眠環境を与えたりしませんよね。できれば、肌触りのよい清潔なパジャマを着せてあげたい。それは自分に対しても同じ。自分を「我が子」のように大切にしてあげる。自分が自分の「おかあさん」になったつもりで。その一歩として、まずは清潔な寝具を自分のために選ぶ、というのは、第2チャクラのケアにもとてもよいと思います。

……と、こんな偉そうに言っていますが、実は少し前まで、わたしも「巡り巡ってパジャマに行き着いた」みたいな、ボロボロのTシャツをパジャマにしていたんですよ！（どないやねん！）。「自分がやってしまっているじゃないか……」と反省して、いつかいつかと夢見ていた憧れのパジャマを自分へのプレゼントに、思い切って購入することにしたんです。とっても「よいお値段」のパジャマでしたが、なんとかの舞台からすっ転げるような気持ちで「えいやっ！」と買いました。着てみて、あまりの着心地のよさに「こんなに違うんだ！」と、ビックリ。眠りもとても深くなりましたし、何より、自分に愛を与えるってこういうことなんだなぁ、と、改めて実感することができました（遅い⁉）。「ここちよさを感じる」って、第2チャクラにとてもよいことなんです。みなさんも、ぜひ自分のために、ここちよい肌触りの寝具を選んであげてください。

また、就寝前のリラックスタイムに、1日頑張った自分にマッサージや美容（とっておきの美容クリームやフェイスパックなど）を施してあげることも、第2チャクラのケアになります。「今日も頑張ったね」と声をかけながら行うと、さらによいですね。

アロマオイルを香る

アロマオイル（精油、またはエッセンシャルオイル）を香ることでチャクラを整えることができます。わたしの生活の中でも、なくてはならないものになっている「チャクラヒーリングツール」です。

特に、第2チャクラを癒すアロマオイルとして代表的なのは、**ジャスミン**と**イランイラン**。どちらも、女性性を感じる甘やかで品のある香りが特徴です。この2つの香りは、「私達は、人生の喜びを受け取っていいんだ」ということを教えてくれます。別の視点で言うと、ときには自分をよい意味で甘やかすことも大切なんだ、ということを教えてくれる香りなんです。

第2チャクラには「受け取る」という支配行動がありますが、**第2チャクラが閉じすぎていると、「受け取れなくなる」**んですね。人からの褒め言葉も「受け取れない」。好意も「受け取れない」。本当はうれしい気持ちがあっても、「いやいや」「ぜんぜん私なんて」と、素直に受け取れないんです。「私なんてこれくらいでいいんです」と、

アロマオイルの活用法

アロマポットやアロマディフューザーなどの専用器具を使用するか、ティッシュペーパーやハンカチに1～2滴垂らして枕元やデスクに置いて香らせます。

＊妊娠中、または授乳中の方は使用を控えます。
＊過剰使用は吐き気や頭痛を引き起こす可能性があります。
＊香りが苦手だと感じた場合、ご自分の体調を見ながらくれぐれも無理のないよう香らせてください。
＊体調に異変を感じた場合は、直ちに香らせるのをやめて、資格を持つアロマセラピストさんか、医療機関にご相談ください。
＊直接肌に塗布するのはお控えください。

自分で自分の価値を下げちゃうんです。これがさらに進むと、人は「人生の豊かさ」を受け取れなくなっていきます。

ジャスミンとイランイランのアロマオイルを香ると、次第に「受け取ること」を許せるようになっていくんです。そして、自分をよい意味で甘やかすことができるようになる。特に、第2チャクラ閉じすぎさんにオススメしたい香りです。

緑色の洋服や小物を身につける

緑色は、自分に愛を与え、こころに安定をもたらす色だとわたしは捉えています。緑色を身につけると、不思議とこころが穏やかになって、さらには自分を大切にしたい、と思えるようになるんです。緑色の洋服や小物を意識して選んでみてください。それだけで第2チャクラのケアになりますよ。

また、第2チャクラが慢性的に閉じすぎている、と感じる人は、オレンジ色を身につけるのもオススメです。オレンジ色は、第2チャクラを活性化させてくれる色なんですね。ただし、第2チャクラ開きすぎさんがオレンジ色を身につけると逆効果。さらに開きすぎを助長してしまうので、注意が必要です。

年配の女性がつくった料理を食べる

年配の女性がつくった料理を食べることが、なぜ第2チャクラのケアになると思いますか？　第2チャクラが傷ついている人にとって、母性に触れることがとにかく大事なんですね。その母性をダイレクトに感じられて、自分の中に取り入れられる簡単な方法が、「年配の女性がつくった料理を食べる」ということなんです。もちろん全員が全員、そうではないですが、チャクラの視点で見ると、多くの女性は歳を重ねるほど母性が高まるんですね。そういった女性がつくる料理を食べると、ホッと安心したような気持ちになって、こころもドシッと安定する。要は、「おふくろの味」ですね。これは、万国共通の感覚ではないでしょうか。

商店街などで、いわゆる「おばちゃん」もしくは「おばあちゃん」が実際につくったお惣菜やお弁当が並んだ商店があったりしますよね。たとえば、仕事帰りにそういうお店で買って帰って、晩御飯にいただく。それだけで、第2チャクラのケアになるんですよ。ポイントは、「おばちゃん」もしくは「おばあちゃん」と呼べるような、あったかい雰囲気を持った女性。もしくは、そういった雰囲気を持つ男性でもよいですよ。大切なのは、「母性が込められた料理」であるかどうか、なので、性別は関係ありません。自分のおかあさんである必要もないんです。母性たっぷりの「おふくろの味」であれば、第2チャクラが癒されます。ぜひ、意識して食べてみてくださいね。

第2チャクラに手を置き、瞑想をする

これは、「丹田瞑想」といって、第2チャクラとほぼ同じ位置にある丹田に意識を向けて瞑想をすることで第2チャクラのエネルギーを整えていく、という瞑想法です。「瞑想」と聞くと構えてしまうかもしれませんが、わたしがみなさんに教えている瞑想は、「ただボーッとするだけ」なんです。

肩の力を抜いて、楽な体勢で椅子に腰かける。呼吸を整えて、目を閉じて、ただボーッとする。簡単に言うと、それだけのことです。難しくないでしょう？　瞑想は、少しの時間、取り組むだけで、こころを安定させる効果があります。

さらに、瞑想時に下腹部全体をやさしく包むように手のひらを広げて添えれば、第2チャクラに自然と意識を向けることができます。そうすることで、第2チャクラを活性化させ、エネルギーが整っていくんです。ぜひ、気軽に取り組んでくださいね。

＊瞑想の時間は決めず、やめたくなったらやめるようにしてください。最初は3分でもいいです。1分でもいい。続けていけば、自然と長くできるようになります。

＊「瞑想は無になるもの」と思っている人が多いのですが、「無になる」というのは最終的な結果であって、最初から思考が全くない「無」の状態で瞑想ができる人はいません。最初のうちは「瞑想と雑念はセット」なので、雑念が出てきても気にせず続けてください。

＊瞑想は、なるべく静かな部屋で、ひとりきりで行うのが理想的です。また、移動中には行いません。

＊瞑想をするには朝が最適です。ただ、決まりはないので、どの時間帯にやってもよいでしょう（ただし、食後すぐはオススメしません）。

他にも、

- **おかあさんにこれまで言えなかったことを伝える。伝えられなければ紙に書くだけでもよい**（「あの時は悲しかった」「なんであんなこと言ったの？」など）。
- **信頼できるパートナーと、性生活を楽しむ。**
- **膣（ちつ）ケアやフェムケアを積極的に行う。**
- **女性同士で集まって共感し合う**（お互いに共感することは「許し合う」ことにつながる）。

といった方法があります。

②ヒーリングワードを唱える

第2チャクラを癒す「ヒーリングワード」というものがあります。声に出して、お経のように唱えることで、第2チャクラを整えることができるんです。次の言葉を声に出してみて、どんな気持ちになるか、どんな体感があるか、ぜひ感じてみてくださいね。

第2チャクラのヒーリングワード

私はいつも宇宙から愛されていると感じています
どんな私でも、宇宙は愛してくれていることを知っています
私もありのままの私を愛し、許しています
生まれてきてくれてありがとう、私

＊声に出して読むとき、感情を込める必要はありません。「棒読み」でも大丈夫です。
＊紙に書いて、目につくところに貼っておくだけでもよいです。
＊1日に何回読んでもよいです。特に、瞑想のあとに唱えるのがオススメです。

③ハーブティーを飲む

次に、ハーブを使ったセルフケアをご紹介しますね。

今回、紹介するハーブは、これまでのカウンセリングでの実体験と自分で長年試してきた体感、そして、宇宙的な直感をもとにオススメさせてもらっています（セラピーでハーブを扱うための資格も持っています）。ｋａｉのオリジナルの知識として受け取ってくださいね。

あくまでわたしの考えですが、ハーブって「**チャクラのサプリメント**」のようなものなんです。ハーブはそれぞれ違ったテーマを持っていて、お茶にして飲むことで、チャクラの不足したテーマやエネルギーを補ってくれる。まさに、サプリメントですよね。

たとえば、後ほど紹介するラズベリーリーフというハーブは、「母なる愛」と「許し」というテーマを持っています。ラズベリーリーフティーを飲むことで、第2チャクラに「母なる愛」と「許し」を与えることができる、ということなんです。

ハーブでのセルフケアは、チャクラが慢性的に乱れてしまっている人に特にオススメです。ハーブティーにして飲むと、そのハーブの持つテーマやエネルギーはからだの内側に留まってくれるんです。そして、チャクラに対して長期的にアプローチしてくれます。日々の行動に加え、ハーブティーをケアに取り入れると、よりチャクラが整います。チャクラが慢性的に乱れている人は、ぜひ取り入れてみてくださいね。

比較的作用がやさしいので「ハーブティーを飲んだ途端にチャクラが整った」という実感は薄いかもしれませんが、その分、こころにもからだにも負担が少ないのも魅力的です。

ラズベリーリーフ

ラズベリーリーフには「母なる愛」、そして「許し」というテーマがあります。ラズベリーリーフは、「おかあさんのようなハーブ」なんです。「このままではいけない」「私はもっと努力しなければいけない」と自分に厳しくしてしまう人や、自分に対して無価値感が強い人は、ラズベリーリーフティーを飲むことで、まるでおかあさんからやさしく見守られているような気持ちになって、「今の自分で大丈夫」と思えるようになります。自分をよい意味で甘やかすことができない人にもオススメしたいハーブです。味はクセがなく、野草茶のような香りがしておいしいです。少し、ヨモギ茶に似た味がします。

また、ラズベリーリーフは子宮を整える

ハーブとしても有名です。海外では月経痛や月経前症候群（PMS）の予防や緩和を目的に用いられることも多く、さらには「安産のお茶」として出産の前後に飲むとよい、とも言われています。第2チャクラが傷ついている人は、かなりの割合で子宮まわりの悩みを抱えているので、チャクラケアとして飲んでみてください。

どんなときに飲むとよい？

- 「私なんて」「自分なんか」と、無価値感が強く、卑屈になっている
- 「私はもっと努力しなければいけない」とあえて自分に過酷な状況を与えている
- 「今の自分のままでいいの？」と、不安になっている
- 周りからどう思われているかを気にしている
- 自分が本当に欲しているものを我慢するクセがある（好きな食べものや洋服など）
- 子宮まわりに不調を感じている
- 腰の痛みがある

など

［オススメの飲み方］

1日1回、夕刻、または就寝前のリラックスタイムに。からだを冷やす性質があるので、ホットティーにして飲みます。

ラズベリーリーフティーの淹れ方

・350〜400㎖のお湯に対して、ティースプーン2〜3杯程度の茶葉
・蒸らし時間：3〜5分程度
・お湯の温度：90度前後（温度計がない場合、沸騰したあと火を止めて1分程度置く）

［注意事項］
＊妊娠初期（安定期に入るまで）は飲用を避けます。

シナモン

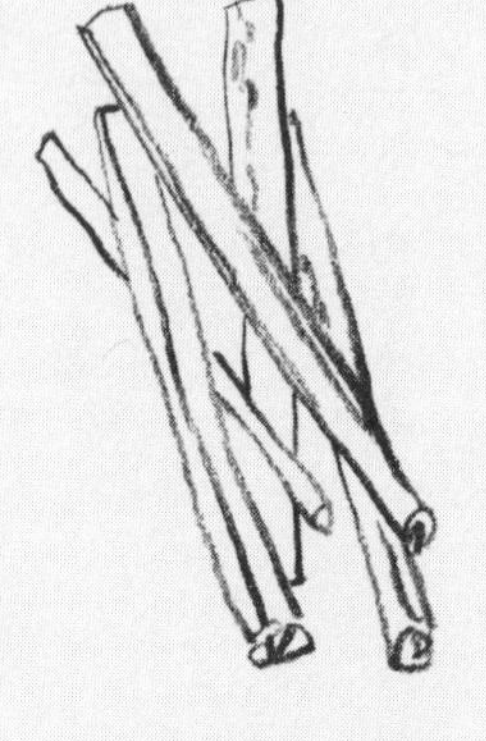

シナモンは「お菓子に使うスパイス」というイメージがありますが、れっきとしたハーブなんです。漢方としても使われますよね。シナモンはお茶にするととってもおいしいんですよ。

シナモンは男性的なエネルギーを持つハ

ーブですが、どこか「フェミニンさ」も兼ね備えています（なんだか共感しちゃうわ！）。時に強く、時にやさしく、あなたを陰から支えてくれる。そばにいるだけで、なんだか自分が強くなれるような気になる。シナモンはそんなハーブです。

こころが不安でいっぱいなとき、お茶にして飲むとドッシリと気持ちを安定させて、こころを強くしてくれます。また、疲れ切っているときにも、体力を回復させてくれます。

おなかを温める効果があり、特におなかの冷えを感じる人にはオススメです。わたしはシナモンティーを飲むと、下腹部が温かくなるのを感じます。シナモンの香りには通経作用があるとも言われているんです。


どんなときに飲むとよい？

- 不安感が強く、ネガティブな考えが止まらない
- 「私なんて」「自分なんか」と、無価値感が強く、卑屈になっている
- 「私は何をやってもダメ」と、自己否定の気持ちが強い
- 仕事や家事が忙しく、疲れ切っている
- 一時的に体調を崩し、体力が落ちていると感じる
- 下腹部が冷えていると感じる
- 腰の痛みがある

●消化力が落ちていると感じる
など

［オススメの飲み方］

2、3日に1回、朝食時、または午後のリラックスタイムに。紅茶のようにクッキーなどの焼き菓子と合わせてホットティーを飲むのもオススメ。ホットティーはもちろん、夏は冷たくしても楽しめます。からだを温める性質があるので、冷たくして飲んでもからだを冷やしすぎません。

シナモンティーの淹れ方

・350〜400㎖のお湯に対して、シナモンスティック½〜⅓本（スティックを手でポキッと折ります）
・蒸らし時間：5分程度
・お湯の温度：約100度（沸騰してすぐ）

シナモンウォーターの作り方

・500㎖の水に対して、シナモンスティック1本を浸す
・完成の目安：冷蔵庫でひと晩（6時間以上）浸して、味見をしてみて甘いシナモンの香りを感じたら完成

［注意事項］
＊妊娠中、または授乳中の方は飲用と使用は控えます。

＊降圧剤、糖尿病の薬を飲んでいる方は多量の飲用と使用は控えます。

ハイビスカス

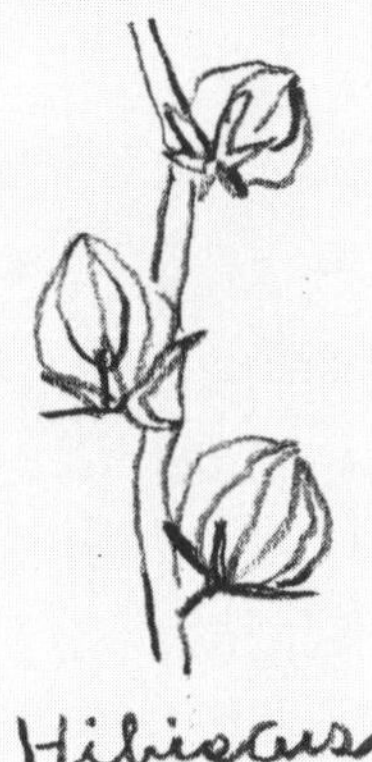

ハイビスカスは閉じすぎてしまった第2チャクラを「こじ開けて」くれるハーブなんです。アフリカが原産の暖かい場所で育つハイビスカスは、とても解放的なエネルギーを放ちます。たとえば、カラフルで華やかなビキニの衣装を着て、解放的なダンスを披露するブラジルのカーニバルダンサーをイメージしてみてください。ハイビスカスが持つエネルギーは、それくらい華やかで、大胆です。ハーブティーを飲むと、自己肯定感が高まるのはもちろん、「人生を楽しみたい！」という気持ちが湧き上がります。

また、エジプトでは「女神に捧げる花」と言われ、官能的なハーブとしても知られています。快楽を避け、性生活に消極的な人にとって、よい「レメディ」になるはず。

女性性の高いハーブなので、女性としての喜びを教えてくれます。

しっかりした酸味と鮮やかな赤い色が、気持ちを明るくし、元気にしてくれる。

そんなエネルギーに溢れたハーブです。

ただし、第2チャクラ開きすぎさんが飲むと逆効果。開きすぎを助長するので、控えるのがよいでしょう。

どんなときに飲むとよい？

- 「私は何をやってもダメ」と、自己否定の気持ちが強い
- 恋愛や性生活に対して消極的
- 何が好きなのかが自分でよくわからない
- 自分のことを好きになれない
- 「私なんて」「自分なんか」と、無価値感が強く、卑屈になっている
- 人生に喜びが感じられない
- 仕事や家事が忙しく、疲れ切っている
- 女性性を高めたい
- メイクや美容を楽しみたい

など

［オススメの飲み方］

2、3日に1回、昼食時、または午後のリラックスタイムに。とてもからだを冷やすので、冷えを感じやすい人はホットティーがオススメ。からだを温めるシナモンとブレンドすることでハイビスカスの冷やす

性質を緩和します。また、どちらも第2チャクラを開く働きがあるので、閉じすぎている人にはとてもオススメのブレンドです。

ハイビスカスティーの淹れ方

・350〜400㎖のお湯に対して、ティースプーン2〜3杯程度の茶葉
・蒸らし時間：5分程度
・お湯の温度：約90度（温度計がない場合、沸騰したあと火を止めて1分程度置く）

ブレンドティーの作り方

・350〜400㎖のお湯に対して、ティースプーン2杯程度のハイビスカスティー茶葉と、シナモンスティック⅓本
・蒸らし時間とお湯の温度は、ハイビスカスティーの淹れ方と同じ

［注意事項］
＊妊娠中、または授乳中の人は飲用と使用は控えます。

他にも、ヨモギ、カモミール、ジャスミンフラワーなどが、第2チャクラを整えるハーブです。特に、ヨモギは民間療法としていろんな活用法があります。気になる方は調べてみてくださいね。

kai's TIPS

ハーブで行うチャクラのセルフケアの注意点

①ハーブの安全性を必ず確認する

ハーブには、妊娠中、または妊娠初期だけ飲用してはいけないものがあったり、ある特定の持病を抱えている人や、特定の医薬品を常飲している人は飲用することが禁止されているものもあります。この本でも注意事項や禁忌（きんき）は記載していますが、妊娠中、授乳中の人、持病を抱えている人は、実践前に主治医に相談することをオススメします。

また、ハーブティーを飲んで少しでもからだに異変を感じたら、すぐに飲用するのをやめて医療機関に相談をしてください。

②苦手なハーブティーは無理して飲まない

ハーブティーを飲んでみて、香りや味が苦手だと感じた場合、そのハーブが担当するチャクラが閉じすぎていることを表しています。「早くチャクラを整えて楽になりたいから」といって、無理して苦手なハーブティーを飲み続けてしまうと、場合によっては、高熱、下痢、頭痛などの症状が強く出てしまうことがあります。慢性的に閉じすぎてしまっているチャクラは、じっくり時間をかけて取り組んでいかないと、からだにもこころにも大きく負担をかけてしまいます。自分に合った無理のないペースで、日常に取り入れてくださいね。

③病気の治療や症状を抑える目的で使用しない

ハーブは、持病を含む病気の治療のため、もしくは症状を抑える目的では使用しないよう注意してください。この本では、あくまで「チャクラのバランスを整えるための補助的な役割をしてくれるもの」としてオススメしています。

第2チャクラが整ってくると……

●不安な気持ちが減り、何があっても私は大丈夫、という安心感が常に感じられる
●「（周りの人から）愛されないのでは……」と不安を感じることがなくなる
●自分の限界をよい意味で認め、無理をしなくなる
●周りの人や特定のパートナーとストレスのない適度な距離感で付き合うことができる
●「私なんて」と自分を卑下することがなくなる
●どんなもの（人）に惹かれるか、自分でわかるようになる
など

このような変化を、少しずつ感じられるようになるでしょう。

第3章
第2チャクラ
閉じすぎさんと
開きすぎさんの物語

kai・iとみれいの
第2チャクラ劇場

わたしの「チャクラ講座」では、わたしがこれまでに出会ってきた各チャクラの代表的な閉じすぎさん、または開きすぎさんの細かい仕草や口グセを真似て演じてみせる即興寸劇のコーナーの時間があります。チャクラの学びをより深めるために行っていたのですが、わたしがまるでその人達に「憑依(ひょうい)」されているかのように演じるので、いつしか「憑依芸」と呼ばれるようになりました。

この本の元となっている、2022年に「みれい☆かるちゃ〜☆すく〜る」で服部みれいさんと共に開催した「第2チャクラ講座」では、2人で即興憑依芸を披露したんですよ。

大好評だったその即興寸劇を、今回改めて台本に起こしました（掲載にあたり、ｋａｉが大幅に加筆・修正しております）。

これまで「お勉強」的な内容が続いたので、物語を読むような気持ちで、リラックスして楽しんでいただきたいです。ぜひ、普段のご自分や周りの人と照らし合わせながら読んでみてくださいね。

＊登場する人物は、これまでｋａｉがカウンセリングや実生活で出会った人をイメージしてはいますが、あくまで架空の人物としてご紹介しています。ご理解ください。

閉じすぎさんの場合

ka・iとみれいの第2チャクラ劇場

【あらすじ】

大手文具メーカーに勤めるさやかは、以前から文筆家・編集者の服部みれいの著書の熱心な読者だった。みれいが読者に向けた期間限定の相談室「みれいの部屋」を開くと知ったさやかは、みれいに悩みを聞いてほしくて相談を申し込んだのだが……。

【登場人物（演じた人）】

・さやか　（kai）
・服部みれい　（本人役）

「みれいの部屋」会場

会議室のような小さな部屋の真ん中にテーブルが置かれている。
テーブルの片側の席に着く服部みれい。

みれい「（部屋の外に向かって）次の方、どうぞ～！」

ゆっくりドアが開く。さやか（33）、ドアの隙間から恐る恐る顔を覗（のぞ）かせる。

さやか「（とても恐縮した様子で）……あの……入っていいでしょうか？」

みれい「こんにちは！　相談のご予約をいただいていたさやかさんですね？

どうぞ、お入りください」

さやか「あ、じゃあ……失礼しますぅ」

そろりと入室するさやか。曖昧に会釈しながら、一方の空いている席に着く。
さやか、上下ベージュの洋服を着ている。髪型は「ゆるふわパーマ」がかかったボブ。目立った特徴のない無難な雰囲気。

さやか「今日はお時間いただいて、ありがとうございますぅ」

みれい「こちらこそ、ありがとうございます。今日はどんなご相談でいらしたんですか？」

さやか「（曖昧な笑みを浮かべながら）あっ、はいぃ。えっとぉ、悩みがあると言えばあるんですけどぉ……うーん……いざ相談をするとなるとぉ……うーん……」

みれい「では、さやかさんのご家族のことからうかがおうかな」

さやか「あ、えっ？　ごめんなさい？　なんですか？」

みれい「さやかさんのご家族の構成をうかがってもいいですか？」

さやか「あ、家族構成ですねぇ。えっとぉ……父とぉ、母とぉ、あと妹がいますぅ」

みれい「ご実家で暮らしているんですか？」

さやか「あのぅ、一応、ひとり暮らしをしているんですけどぉ、歩いて30分くらいのところに実家がありますぅ」

みれい「近くにお住まいなのは何か理由があるんですか？」

さやか「えっとぉ、ママから……あ、ごめんなさい、母からぁ、『あなたはどうせ1人じゃ何もできないんだから、近くに住みなさい』って言われてぇ」

みれい「そうなんですね……（と言いながらメモをとる）。話を戻しますが、今日は何かお話ししたいことがあっていらっしゃったんですよね？　相談というか……」

さやか「……はいぃ、そうなんですけどぉ……、なんだろう、相談、相談……。甘いものがぁ、やめられない？のも気になるんですけどぉ……やっぱりぃ、仕事……？とかぁ、恋愛……？とかぁ、ですかねぇ（いちいちうっすら疑問形で）」

みれい「お仕事は何かされているんですか？」

さやか「文具メーカーで営業職をしていますぅ。『〇〇〇』っていう会社なんですけどぉ……」

みれい「日本の最大手の文具メーカーさんですよね！」

さやか「そうなんですぅ、ママが……あ、ごめんなさい。母がぁ、『知り合いが勤めているから、ここにしておきなさい』って勧めてくれてぇ。『大手だと安心だから』ってぇ」

みれい「なるほど。おかあさまから勧めら

れて。どれくらい勤めておられるんですか？」

さやか「（首を傾げながら）10年目……？ですねぇ」

みれい「わあ、10年も！　では、お仕事で何かお悩みがある……とか？」

さやか「うーん……そうですねぇ。なんかぁ、このままでいいのかなぁ……みたいな」

みれい「と、言いますと？」

さやか「なんかぁ……今の仕事もぉ、あんまり向いてないかなぁ、とは思うんですけどぉ、大手だから安心だしぃ、このままでもいいのかなぁ、どうなのかなぁ、と思うんですけどぉ、このままじゃいけないような気もするしぃ……。体調もイマイチだしぃ……」

みれい「そうなんですね。体調はどんな感じなのかな？」

さやか「月経痛がひどくてぇ……始まっちゃうとぉ、ほんとにつらくてぇ。あっ、みれいさんがオススメされている冷えとり健康法もぉ、靴下重ねたりしてぇ、やってみてるんですけどぉ……冬になるとしもやけとかできるしぃ……あんまり冷えとりも向いてないのかなぁ、ってぇ」

みれい「冷えとり健康法に向き不向きってあまり聞いたことないけど……。でも、月経痛がひどかったり、しもやけになるのはつらいですよね。半身浴もしていらっしゃいますか?」

さやか「えっ?　なんですか?」

みれい「半身浴……」

さやか「えっとぉ、(首を傾げながら)お風呂?にはなるべく浸かるようにしていますぅ。たまにシャワーだけになっちゃうんですけどぉ」

みれい「あら、いや、えっと……、冷えとり健康法では半身浴という入浴法を勧めていて……」

さやか「はぁ……えっとぉ……はぁ(ぼんやりした口調)」

みれい「……では、質問を変えて……今の仕事は好きですか?」

さやか「えっとぉ、好き?なような気もしますしぃ、うーん、嫌い?というかぁ。嫌いではないかもなんですけどぉ、向いているのかなぁ?ってぇ。私ぃ、今の仕事ぉ、向いていますかぁ?」

みれい「自分ではわからない、ということなのかな?」

さやか「えっとぉ、はい、自分で自分のことがぁ、なんかぁ、よくわからない?みたいなぁ……」

みれい「うんうん、そっかぁ。では質問をまた少し変えて……。お仕事は大変だと感じる?　月経痛に悩んでいる人の中には、忙しすぎたり、たくさんのストレスを抱えている人が多いんですよ」

さやか「はぁ……そうですねぇ、大変と言えば大変なんですけどぉ。私ぃ、何やってもダメだからぁ、みんなに迷惑かけてばかりでぇ、人一倍頑張らなきゃなぁ、ってぇ……」

みれい「そうなんですね……。仕事を辞めたいと思ったことは？」

さやか「えっとぉ、うーん……でもぉ、ママから……あ、ごめんなさい。母かあぁ、『あんたなんて、雇ってもらえるだけでありがたいんだから』『他にやれることないんだから』ってぇ、いつも言われててぇ。辞めたいとか言うとぉ、怒っちゃうしぃ……」

みれい「さやかさん、先ほどからおかあさまのお話がよく出てきますが、よく相談とかもするのかな？」

さやか「あ、そうですねぇ。相談？というかぁ、今日こんなことあったよぉ、ってぇ」

みれい「よく連絡を取り合っているんですね」

さやか「えっとぉ、うーん、そうですねぇ。よく、ではないかもですけどぉ。まぁまぁ？」

みれい「話しやすそうですね。おかあさまのことは、好きですか？」

さやか「えっとぉ、すごく厳しいんですよぉ。『あんた、そんなんじゃダメ』って、いつも叱られててぇ」

みれい「あら、じゃあ、おかあさまのことは苦手、とか？　もっと言ったら嫌いだったり?」

さやか「いや、あのぅ、全然嫌いとかではないんですけどぉ、やっぱりぃ、すごく苦労してきた人だからぁ、厳しくするのもぉ、私を苦労させないように、ってぇ……」

みれい「『おかあさんはさやかさんのことを思って厳しくしている』と感じているんですね」

さやか「私がダメダメだからぁ……」

みれい「そんなに自分のことを悪く言わないであげて……(と言いながらまたメモをとる)。ところでさやかさん、パートナーさんはいらっしゃいますか?」

さやか「えっとぉ、もう、ずっといないんですぅ。それも聞きたいことだったんですけどぉ……。どういう人がぁ、私に合ってますかぁ? 私ってぇ、パートナーできるんでしょうかぁ。すごく不安でぇ……」

みれい「さやかさん、どういった人がタイプなの? 例えば好きな俳優とか」

さやか「好きな俳優……そうですねぇ……俳優のぉ、坂口健太郎君……とか?」

みれい「どういうところが好きなんですか?」

さやか「うーん……なんかぁ、今人気あるしぃ……」

みれい「その俳優さんの、具体的にどんなところが好きなのかな?」

さやか「うーん……そうですねぇ。なんと

なく?かっこいいなぁ、みたいな感じですかねぇ。仲良しの友達も好きって言っててぇ……インスタもフォローしてるんですけどぉ」

みれい「…………」（無言でメモを取る。内心何を聞いていったらいいか考えている）

と、さやか、モジモジし始める。

みれい「あれ、どうかしましたか?」

さやか「……あのぅ……えっとぉ……」

みれい「あ、もしかして、お手洗いですか?」

さやか「えっとぉ……お手洗いを我慢しちゃうクセがあってぇ……ここに来る前から我慢しちゃっててぇ」

みれい「そうだったんだ! ごめんなさいね。最初に聞けばよかった。ゆっくり行っていらしてね」

さやか「すみませぇぇぇん……!」

さやか、小走りでドアを開けて出ていく。

kai's explanation　さやかさんについて

第2チャクラ閉じすぎさんにはいろんなタイプの方がおられるのですが、代表的なタイプの例として、今回はさやかさんにご登場いただきました。読んでいただいてわかる通り、とにかく話がぼんやりとしていて、なかなか先に進まないんです。そして、相談室に来てみたものの、自分が何を聞きたいのかが、わからない。

実は、さやかさんのようなタイプの人は、わたしのクライアントさんにとても多かったんです。「何か相談ごとはありますか?」と聞くと、大抵、「今の仕事は自分に合ってますか?」「パートナーはどんな人が合いますか?」という質問が返ってきます。そういうことって、第2チャクラが開いて中庸に整っていたら、自ずとわかるものなんです。でも、閉じているとそれがわからない。

そして、そんな自分に、漠然とした不安を感じているんですね。受け答えの仕方も、終始曖昧で、ぼんやりしています。

それから、さやかさんタイプの人は見た目がとっても無難です。特徴がないのが、逆に特徴、みたいな。ベージュ、グレー、オフホワイトなどといった「曖昧な中間色」のグラデーションでファッションをまとめていることが多いです。髪型も「なんとなくいい感じ」に見える無難なスタイルが多いですね。さやかさんの場合、「ゆるふわパーマ」、ほんのりブラウンの髪色、そして肩につくかつかないかくらいの曖昧な長さの髪……。決してそれが悪いわけではないのですが、見た目がなんだかフワッと曖昧で、その人の個性のようなものがわかりづらいんです。

さやかさんは、好きなタイプを質問されて、人気の俳優さんの名前を挙げていましたね。そのこと自体、決して悪くないのですが、実は、その人のことが好きなのかどうか、本人もわかっていなかったりするんです。無意識に「みんなが好きかどうか」で、決めてしまっている。こういったことも、第2チャクラが影響しているんですね。

もうひとつ、わたしが注目したいのが、さやかさんがチラッと言っていた「甘いものがやめられない」という言葉です。さやかさんタイプは、甘いお菓子や菓子パンを中毒のように食べすぎてしまうことがあるんですね。第2チャクラ閉じすぎさんは、自分以外の誰かや何かに無意識に「依存」する傾向があります。さやかさんは菓子パンやケーキ、クッキーなど甘いものに依存している状態なのかもしれません。

そんなさやかさんにとっての「ラスボス」が、ママ……じゃなくて、おかあさんなんですね。住む場所も、仕事も、「おかあさんが納得するかどうか」「おかあさんを怒らせないかどうか」が基準になっている。

さやかさんは相談のあいだ、何度も「私なんてダメ」と、自分を卑下していました。もしかすると、そうやっておかあさんにずっと言われ続けてきたのかもしれませんね。「頑張らないと認めてもらえない」から、向いていないかも……と思いつつ、自分を追い込んでまで仕事をする。

これらは全て、さやかさんの根底にある「自己肯定感の低さ」の表れなんです。

kai's healing message

「さやかさんタイプ」の人へ

チャクラの視点で見ると、さやかさんは、子どもの頃、おかあさんにちゃんと甘えさせてもらえなかったのだろうし、「ありのままの自分」を許してもらえなかったのだろうと思います。みれいさんの本の熱心な読者だったさやかさんは、みれいさんの存在を、どこか「おかあさん」のように感じていたのかもしれませんね。相談室では、みれいさんにただ話を聞いてほしかっただけなのかも。

第2チャクラが閉じている人は、男女問わず、「甘えさせてもらえる存在」を探し続けます。それが、人の場合もありますし、甘いものとか、ヴァーチャルな世界とか、そういった中毒性のあるものに「甘える」人もいます。それを「依存」と呼んだりするのですが、わたしは、依存することは悪い側面ばかりではないのかも、と感じています。

人は、一度は誰かに（もしくは何かに）依存しなければ、大人になることはできません。人が最初に立ち上がるときは、いつだって「つかまり立ち」です。何かにつかまらないと、人は立ち上がれないんです。おかあさんに甘えられなかった（つかまらせてもらえなかった）さやかさんは、誰かや何かに、またはこの社会そのものに「つかまり」ながら、一生懸命、自分の力で立ち上がろうとしているのかもしれませんね。

さやかさんに共感するあなたも、どうか自分を責めたりはしないで、代わりに抱きしめてあげてくださいね。仕事から帰ったら、「今日も頑張ったね」「えらかったね」と自分にやさしく声をかけてあげてください。さやかさんタイプの人は、本当によく頑張っていますから。

そして、下腹部を温めてあげましょう。さやかさんは、ひどい月経痛に悩まされていましたが、そういった方は、子宮まわりを冷やさないことがとっても大切。半身浴は、ぜひ取り組んでもらいたいですね。

それから、ファッションもう少し色を取り入れてみるといいですね。特に、明るいオレンジは、第2チャクラを活性化させる色なので、オススメですよ。

kai・iとみれいの第2チャクラ劇場

開きすぎさんの場合

【あらすじ】

高校時代からの悪友・アケミとチアキは、仕事も同じキャバクラ嬢。家も近所である2人は、その日も行きつけの喫茶店で待ち合わせ。店主である「おばちゃん」にいつものように愚痴（ぐち）を聞いてもらいたかったのだが……。

【登場人物（演じた人）】

・アケミ　（ｋａｉ）
・チアキ　（服部みれい）

＊本コーナーでは、「死」に関すること、性的虐待、また自傷行為や自死を想起させる表現が多く含まれます。内面の探究を強く促すような内容も多く書かれてあります。読む際は、くれぐれもご注意ください。また、ここでの内容は、精神医療の観点からではなく、あくまでチャクラの視点からの見解であることをご理解ください。治療としての表現、病気の解説などは、一切しておりません。

純喫茶「愛流（あいる）」店内

歌手・中島みゆきのメドレーが流れている。

ところどころ破れたワインレッド色のビロード生地のソファに、だらんと行儀わるくもたれるチアキ（27）。

チアキ、チープなヘアクリップで前髪を留め、右手には手鏡というには大きい折りたたみ式の鏡を持ち、左手にはプラスチックのハンディ扇風機。

チアキ、気だるい表情で鏡を覗いている。

チアキ「あっつ〜。マジあっつ〜。（店の奥に向かって）おばちゃぁ〜ん！　クーラー弱すぎちゃう〜？　強めて〜！」

チアキ、タバコケースからタバコを取り出し、火を点ける。タバコケースには、キティちゃんがプリントされている。

カラン、カラン。ドアが開き、ドアベルが鳴る。

アケミ（28）、入店してくる。

チアキ「（アケミに向かって）遅いわ、アケミ〜」

アケミ、チアキの隣にドシッと腰をおろす。

アケミ「ちょっと、タバコちょうだい」

チアキ「もう〜。遅れてきて、いきなりなによ〜。（タバコを渡しながら）てゆーか、電子タバコにしたんやなかったん？」

アケミ、タバコを受け取って、火を点ける。

アケミ「（しかめっ面で一服して）あれ、吸ってる気せえへんねん。（店の奥に向かって）おばちゃーん！　ナポリタンとアイスコーヒー！」

チアキ「（店の奥に向かって）あたし、いつものクリームソーダ〜！」

アケミ「ところであんた、どないしたん、その顔」

チアキ「え、うそやん、目立つ〜？　いや

やわ〜」

アケミ「あんた、またあの男に殴（なぐ）られたん？　こないだも殴られてたやん」

チアキ「だからぁ、この前のは殴られてへんて言うたやん〜。転んだだけやし〜。階段から落ちただけやし〜」

アケミ「階段から突き落とされたんやろ。あんた、もうやめや、あんなサイテーなん」

チアキ「ちゃうねんて〜、あたしも悪いんやって〜。あたしがナオヤの作業着、洗濯すんの忘れてたからあかんねん。昨日は顔にパンチ1発、おなかに蹴りを3発やから、まだマシなほう」

アケミ「やっぱり殴られてるやん」

チアキ「別に、もう慣れたし〜。あたし、腹筋強いし、大丈夫やねん。ナオヤは悪くないねん。ナオヤ、頑張って働いてくれてるし〜。根はいい人やから〜。鳶（とび）の仕事もめっちゃいそがしいみたいやし」

アケミ「DV男を『あの人はほんまはいい人』とか言い出したら終わりやで、あんた」

チアキ「ええやん、ほっといて〜。あたしみたいなおバカと一緒にいてくれるん、ナオヤだけやねん」

呆（あき）れ顔のアケミ。

アケミ「（店の奥に向かって）おばちゃーん！　アイスコーヒー、まだぁー？　ここの店はいっつも遅いねん」

チアキ「アケミはどうなんよ〜」

アケミ「え？　どいつのこと？」

チアキ「あの〜、ほら、前歯がない……」

アケミ「あぁ、歯抜けのタツオ」

チアキ「そうそう！　歯抜けのタツオ。顔はイケメンやのに、笑うと台無しになる歯抜けのタッちゃん」

アケミ「奥さんにバレて、切られた」

チアキ「え〜！　なにそれ〜！」

アケミ「奥さん、営業中に店に押しかけてきたわ」

チアキ「修羅場(しゅらば)すぎる〜‼　歯抜けのタツオは？」

アケミ「LINE、削除された」

チアキ「サイテーすぎる〜！　アケミも人のこと言われへんやん〜！」

アケミ「別に、あんなヤツ、どうでもいいし。ただの暇つぶしやし。歯ぁ、抜けてるし」

チアキ「じゃあ、あと誰？　ほら、あの三ツ子のパパやったことが発覚した……」

アケミ「ヒロシ」

チアキ「あぁ、そうそう、三ツ子パパのヒロシと〜……あと、誰だっけ？」

アケミ「前にウチの店でボーイやってたコータローは、1回ヤって終わり」

チアキ「え、もう終わったん⁉」

アケミ「全然よくなかった。アイツ、顔だけ。（店の奥に向かって）おばちゃーん、アイスコーヒーまだなん？　市販のやつ、グラスに注ぐだけやろ！　どんだけ時間かかってるん！」

チアキ、メイク道具を取り出す。

アケミ「あんた、今日同伴？」

チアキ「（マスカラを塗りながら）そうや〜。お金稼がなあかんもん〜。ナオヤの借金返さないと〜」

アケミ「あんた、ええかげんにしぃや。てゆーか、あんた、実家帰ってお金もらってきたらええやん」

チアキ「（顔色が変わって）は？　実家？　なんで帰らなあかんのよ」

アケミ「あんたんとこ、親、金持ちやん」

チアキ「アイツに会いたない。あたしのことはええねん。そういえば、このあいだ北新地のお好み焼き屋で、あんたんとこのマミー、見たでぇ。相変わらずべっぴんさんやったわぁ」

アケミ「人違いちゃう。あたしにオカンはおらん。死んだ」

チアキ「死んでないやん！　生きてるやん！」

アケミ「あたしの中ではとっくに死んだ」

チアキ「なに言うてんのよ」

アケミ「てゆーか、アイツも死んだことにしてるんちゃう、あたしのこと。『あんたなんか産まなきゃよかった』『なんで産んだんやろ』って、言われ続けたし」

チアキ「また言ってる。アケミ、その話、いつも言ってる」

アケミ「別に。あたしが死んでも、誰も悲しまへんし。歯抜けのタツオも、三ツ子パパのヒロシも、エッチド下手なコータローも、あたしが死んだって、別に悲しまへんし。せいせいするんちゃう。あぁ、死にたい」

チアキ「やめて〜、そういうこと言うの〜。てゆーか、アケミの男、ハズレばっかりやん。（店の奥に向かって）もう、おばちゃ〜ん！　アケミの話、聞いたってよ〜！」

アケミ「てゆーか、あんた、そろそろ同伴の時間ちゃう？」

チアキ「え〜！　やば〜い！　もう行かんと〜！」

アケミ「あのネジ工場の社長やろ」

チアキ「そう。さすがシャチョー、めっちゃ羽振りええねん」

アケミ「（店の奥に向かって）おばちゃーん、ナポリタンとアイスコーヒー、キャンセルー！」

チアキ「（店の奥に向かって）おばちゃ〜ん、クリームソーダ、つぎ来るまで凍らしといて〜！」

慌(あわ)てて店を出るアケミとチアキ。

kai's explanation アケミさんとチアキさん

まず最初に、言うまでもないことではありますが、キャバクラなどにお勤めの方達が全て第2チャクラ開きすぎさんということでは決してありません。チャクラの理解を深めていただくため、デフォルメして表現していることをご了承くださいね。

さて、アケミさん（以下、アケミ）もチアキさん（以下、チアキ）も、2人とも恋愛面で大変な思いをしているようでした。まず、わたしが演じたアケミは、性的なことに関して、とても奔放なタイプでしたね。何人もの男性と同時にお付き合いをしている。不倫関係にある人、一夜限りの人もいたようです。第2チャクラ開きすぎさんは、「自分のことなんてどうせ誰も興味がない」と言いつつも、同時に猛烈な孤独感を内に抱えています。周りから無関心でいられることを覚悟し、あきらめつつも、同時に無関心でいられることを恐れてもいる。とっても「こじらせ」ちゃっているんですね。

アケミの場合、それが「ひとりの人とちゃんと向き合えない」という形として表れています。パートナーシップが、こわいんです。そしてまた、同時にひとりになることを恐れてもいる。

第2チャクラ開きすぎさんは、チャクラがとても深く傷ついているのですが、「どうせ私はすでにボロボロだから」と、自分のことを見下げて、「絶対にしあわせになれないような人」をわざわざ選んだりもします。「自分みたいな人間、これくらいがお似合い」と。

また、チアキはアケミと違って特定の彼はいますが、DV被害に遭っているようです。彼の借金を肩代わりしている、という様子もありましたね。表面的に見ればアケミと状況は違いますが、元を辿っていくと、やはり第2チャクラが影響しています。たとえば、ダメとわかっていつつも不倫を繰り返す、という人も、同じですね。

アケミはよく「死」という言葉を口にします。第2チャクラには「生きる喜び」というテーマがありますが、第2チャクラが開きすぎていると、「死」を身近に感じることで、「生きている実感」を無理やり得ようとする、という複雑な側面があるんです。自分を傷つけるような行動や恋愛をわざとするのも、「死」を感じることで「生きている実感」を味わい、同時に「生きる喜び」も得たい、という複雑な欲求の表れなのかもしれません。

今回のケースも、おかあさんとの関係が影響しているようでした。第2チャクラ閉じすぎさんも、同じくおかあさんとの関係が影響していますが、なぜ開きすぎ、閉じすぎの違いが生まれるのでしょうか。ここで少し説明しますね。

まず、わかりやすく分けると、「母親からの過干渉」「母親からの（自己の）否定」などが繰り返しあった場合、閉じすぎに傾きやすく（詳しくは66ページへ）、「母親から無関心」「母親からの暴力」、また「性的虐待を受ける」などがあった場合は開きすぎに傾きやすくなります（詳しくは91ページへ）。

それからもうひとつの原因として、生まれもっての性質として男性性が強い人は開きすぎに傾きやすい傾向があります。だから、比較的、男の人は開きすぎの人が多いんですね。誌上講座その2でも説明していますが、浮気がやめられない男の人だったり、夜のお店に通い詰めたりする男性は、第2チャクラが開きすぎていることを表しています。

kai's healing message

「アケミさん・チアキさんタイプ」の人へ

2人が行きつけにしている純喫茶は、年配の女性が店主のようでした。第2チャクラ開きすぎさんにとって、頼れる年配の女性、もしくは年上の女性の存在がいるかどうかは、とても大切なことなんです。「不良の女の子が、同性の不良の先輩を慕う」という場面をドラマなどで見たことがあるかもしれません。第2チャクラ開きすぎさんは、特に「母性」に飢えているんですね。彼女達のようなタイプの人にとって、甘えられる「母」のような存在がいてくれることは、第2チャクラの大きな癒しにつながるんです。話を「うんうん」と聞いてくれる、母性に溢れた年配の女性、もしくは年上の女性とたくさん出会ってほしいなと思います。

それから、海を訪れるのもいいですね。第2チャクラ開きすぎさんは、海が好きな人が多いんですよ。ほら、アケミとチアキがビキニを着て海水浴を楽しんでるイメージ、すぐに湧きませんか？　羊水と似た成分バランスであるとされる海のエネルギーを、無意識に求めているのかもしれません。

そして、もちろん第2チャクラ開きすぎさんにも半身浴はオススメです。劇中ではアケミはアイスコーヒーを、チアキはクリームソーダを注文していましたね。温かいものが飲めないんです。そういう場合、からだの芯（しん）が冷え切ってしまっている可能性があります。シャワーだけじゃなく、しっかり湯船に浸かる。そして、できれば半身浴をして、下腹部を温めてあげてほしいです。

また、必要に応じて、専門の医療機関やカウンセラーさんに相談をするのも、助けになります。自分ひとりで抱えず、強がらず、あきらめず、必要な人を頼ってほしいです。

【みれいメモ】

寸劇、いかがでしたか？　今では第2チャクラ閉じすぎ・開きすぎチェック表にチェックがつかないといっていましたが、わたし自身、かつてはまちがいなく、「さやか」であり「アケミ・チアキ」そのものでした。それにしても、さやかは、相談の相手に頼り切りながらも「何かがおかしい、どうにかしなきゃ」とは感じてる。アケミやチアキも純喫茶「愛流」のママに甘えてる。女2人でダベって、癒しあってる。愛おしいじゃありませんか。あと、ここまで読んできて何かザワつく、あるいははっきり言って「セルフラブ!?　おえーっ！」「自分が好きとかマジきもい」なんて感じていたら、「ここ」に「反応」している時点で、かなりいい線いっている。「自分がきらい！許せない！」っていう状態を自分で感じているって、逆説的だけれどかなりセルフラブ状態に入っているなと思うんです。「ダメな自分」のまま、そう思う自分もよし、って今の自分に寄り添えるといいのかな。本当はダメな自分なんてどこにもいなくて、チャクラが乱れているだけなんですけれどもね。

第4章
対談　kai×みれい
第2チャクラについて語りつくす！

自分の傷に気づいて、「私」を取り戻す時

みれい　あらためまして、誌上講座と寸劇、ありがとうございました！　この本の元となった講座ももう大変な人気で、いまだに余波がすごいです。第2チャクラをケアして、生きるのが楽になった方、親との関係に気づけた方、何より、仕事をよりよく変えられた方、自分のことがわかるようになった方、とにかく大勢の方々の人生が好転しています。結婚した人もいるし、離婚した人もいる。

kai　やっぱり第2チャクラは、いろいろな意味で「すごいな」と感じています。なにより、注目したいのが、第2チャクラの形成に母親の存在がとても重要だということですね。これは、カウンセリングでたくさんの方々を見てきたことと、直感で受け取っている情報と、その両方の観点から、わたしの中で確信となったことなのですが……。

みれい　「自分が母親にどう育てられたか」、「育つ中で自分の母親から何を感じていた

のか」を、思い出していただきたいということでしたよね。

kai はい。人というのは、自分が母親にされてきたことを、自分もまた子どもや誰かにしてしまう。親が自分にすることを子どもの側はなんでも愛だと受け取るからなんですね。たとえば、過干渉の親に育てられた子は、「過干渉であること＝愛」だと思い込んでしまうことがあって、自分にとって愛する存在ができたときに、「愛」として過干渉になっちゃう。

みれい 殴られていたりしても、子どもは「愛」として受け取っている、と。

kai はい。そういうことが多いです。さらに、母親の存在が自分の中で「絶対」になりすぎると、魂（＝ハイヤーセルフ）の声と母親の声をすり替えてしまうんですね。そして知らず知らずにできた「母親＝私」という思い込みを断ち切るには、「あれは変だったんだ」「これに傷ついていたんだな」と気づくことが必要です。わたしの場合、「あんたは小さい頃は本当にかわいかったのに……」「なんでこんな顔になっていったんかな」と、子どもの頃からよく言われたんですね。でも母親にも全く悪気はない。関西なので、ギャグみたいなもので。親子関係の中では「あるある」ですよね。でも、最近になって、ようやく「その言葉に傷ついていたんだ」ということに気づいたんです。だからと言って、母親を責めたい気持ちはないんです。子どもの頃のことですし。ただ、「傷ついていた」と自分の中で気づいて、認めることが大切だったんだと思います。

みれい　ああ、すごくわかります。わたしは子どもの頃、何をするにもとってもゆっくりペースだったんですね。それで母親からしょっちゅう「早くしなさい」と言われていました。だから今でも、誰も何も言っていないのに、ひとりで焦っていたりすることがある。思い出すたびにクリーニングしています。

kai　傷ついている度合いも、人によって全然違うんですよね。ただ、どんなに小さなことでも、傷ついたこと、いやだったこと、つらかったことに気づいていくと、連鎖が断ち切れます。でも気づかないと、自分がまた誰かに繰り返していくんです。

みれい　自分が傷ついていたことに自覚的に気づかない限り、母親の言葉が自分に入り込んで、自動的に誰かを傷つけているかもしれない、と。わたし自身、この第2チャクラのことに取り組み始めてから、自分のことはもちろんのこと、そこに蓋(ふた)をしている人、無自覚な状態でいる人のこともよく感じるようになって……。

kai　たくさんの人が無自覚ですよね。

みれい　はい。そうして、「よかれ」と思ってしたことが、誰かのことを淡く傷つけていたりして。傷って傷を呼ぶんだなというか……。

kai　ドキーーッ!!

みれい　でも、それは、他人が魂の操縦席に座っているから、なんだと思います。わたしも今もそういう時があるだろうし、特に若い頃はそうだった。みんな思い込みという「着ぐるみ」を着たままだから、母親のしてほしいこと＝自分がしたいことだと勘違いしていて、「生きている風」になってしまっていて、どこかいつも不安だし、不安定だし、そういう状態だと、無自覚に人を傷つけてしまうのかなと思います。いい・悪いじゃなくて、それが現代の社会の構造というか。

kai　本当にそうですよね。いびつな形のまま、社会が成り立ってしまっている……。

みれい　今よく言われる言葉でいえば、第2チャクラが整った状態（開いて中庸の状態になっている）って、自己一致しているかどうかということだと思いますが、まだまだ自己一致している人って少ないのかなと思うんです。しかも、こんなに「閉じすぎ」「開きすぎ」の人がたくさんいるから、依存する先が必要になって、その結果、環境を破壊するほどの消費社会が成り立っているという構造もあると思っていて。

ｋａｉ　第2チャクラが閉じすぎていても、開きすぎていても、何かに依存してしまいますからね。でもみれいさん、わたしは、人は誰かや何かに一時的にどっぷり依存する時期も必要なのではないか、とも思うんです。子どもの頃におかあさんにたっぷり依存できたらよかったのですが、それが思うようにできなかった人もたくさんいて。今、世界で大人気のアイドルやアーティスト達が「自分を愛して」というメッセージを、それぞれの形で発信し始めていますよね。「ありのままでいいよ」「そのままの自分を愛して」と言ってくれる「母のような存在」を必要とする人が、今の時代は特に多いのかもしれません。たとえば、一時的にそういった存在に依存することも、自立の過程なんだと思います。そして、依存しきったら、また次へ向かえる。

みれい　そっかそっか。ちゃんと依存先となっている存在がそういうメッセージを投げかけているとは。ｋａｉさん、再三言っておられますよね。「自立するには十分な依存が必要だ」って。心身や人間関係を破壊するような過度の依存は避けたいけれど、安全な依存であれば、それもまた、自立につながるって。

母親との関係を冷静に見つめる

kai 第2チャクラというのは、「魂の操縦席がある場所」と講座で伝えました。1〜10歳の子どもは、魂からの指示や導き（直感や衝動）と母親からの指示や導き、両方を受け取ろうとする。ただ、その頃はまだ母親とのつながりの方が強いので、どうしても母親の言葉を優先しがちに。生まれ持った性質や容姿を母親から繰り返し否定されたり、何度も理不尽に罵声（ばせい）を浴びせられたりすると、自分自身を否定し、次第に魂とのつながりが途切れてしまう。それが、第2チャクラが閉じる原因です。第2チャクラが閉じると、自分の魂ではなく、母親とつながったまま大人になってしまうんですね。

みれい すごくわかります。わたしは、どんな人も、親と自分の関係を冷静に見つめる時が必要なのでは？という思いから、『毒になる親』スーザン・フォワード（講談社＋α文庫）という本を、薦めることがあるんですが、どうしても読めない人、なかなか読み進められない人がいらっしゃって。明らかに親から傷つけられたんじゃないかなと感じる人に、この本を薦めることが多いのですが、「自分の親は毒親なんかじゃない」って、自分のことよりも、親のことを庇う人が本当に多いんです。

kai この本で紹介した「第2チャクラ閉じすぎさん」代表のさやかさんも、おかあさんのことを庇っていましたよね。

みれい ね……。先日も、ある人から相談を受けた際に、まずはじめに、親のことを「いい親だった」みたいに言うんです。でもよく聞いていくと、怒鳴られたり、ネグレクト（無視）されたりしている。「ご自分では親のことを庇いながら話しているけれど、親御さんからされたことって、ある意味で虐待だったといえるんじゃないですか？」「『一方的に威圧的に怒鳴られたり、何日も理不尽に口をきいてくれない』って誰かが言っていたら、それってひどいなって思いませんか？」って質問をしたら、だんだんとご自身が親にされたことを受け入れ始めてくださいました。その辺りからその方は、少しずつ、変化していかれたのですが、その方はそれまで親と分離しないまま、あるいは傷ついたまま、そのまま、全部に蓋をして、「何事もなかったように」生きていた。

kai まさにそれは、わたしが講座でよく言う「第2チャクラ案件」ですね。

みれい ね。ある時期から感じているんですが、インナーチャイルドが傷ついていたり、アダルトチルドレンといわれている人だったり、虐待をされてきた人達って、「うち、いいうちだったんです」「ふつうだったんです」って不自然に強調するケースがある気がします。開きすぎさんのチアキがパートナーに暴力を振るわれているのに、「根はいい人だから」って言ってる（165ページ）、みたいに。でも、本当に、何もない家だったら、子どもが親のことを庇わなくてもいいと思うんですよね。

kai 母と子が精神的に「ひとつ」になっていると、母親を悪く言うことは、自分を悪く言うことと同じなんですね。どちらかが断ち切らないといけないのですが。

みれい うーん。なるほど……。そのまま、母子が分離しないまま行くしかないんでしょうか。からだが悲鳴を上げて、病気になったり、あるいは、パートナーシップや人間関係がうまくいかなくなるとか、限界がくるまで気づけないのかな。

kai 過去の傷を自分で探って、傷ついていたんだということを自分で認めるって、本当に大変なことなんですね。だから、こういった講座を受けたり、今回紹介した閉じすぎさん・開きすぎさんの物語を読んでいただいたりすることで、自分を客観視できるようになる。「こういうことだったんだ」「私はこの人と同じだ」、そうやって客観視することで、（母親との強いつながりを）断ち切るきっかけにはなるかもしれませんね。

まずは、おかあさん達が癒されてほしい

kai　「下位チャクラ」と呼ばれる第1〜第3チャクラの形成には、家族が大きく関わっています。まず、第1チャクラは、胎児期から1歳頃までにその子が置かれる周囲の環境が大事です。次に第2チャクラは、1〜10歳頃の母親との関係が大事。そして第3チャクラは、10〜21歳頃の父親を中心とした家族との関係が大事になる。そうやってチャクラは順番に成長していくんです。でも、母親との関係の中で第2チャクラの成長が止まり、チャクラが閉じてしまうと、第3チャクラの成長に移行できなくなる。第3チャクラは、自我や決断力といった「自分の力で人生を動かす意志」を司るんですね。第3チャクラが成長しないと、そういった力が自分の中で育たなくなる。第2チャクラ閉じすぎさんは、母親から「あなたの考えていることは、とてもちっぽけなことなのよ。世界はとてもおそろしいことを私は知っているのよ。あなたは自分で人生を決められない。だから（母親である）私が、あなたの道

を決めるのよ」と、あらゆる言葉、あらゆる態度によって、――言葉を選ばずに言うと――「洗脳」のようなものを知らず知らずに受けてしまっている状態なんです。そうなると、第2チャクラはもちろん、第3チャクラも育たなくなる。

みれい おお……。実は、ここ数年女性だけではなくて、若い男性の読者さんでも、第2チャクラ、第3チャクラ、両方とも閉じ気味だなと感じる人が多いです。いわゆる草食系という人が純粋に増えているのだとも思いますが。

kai たしかに、そういう人が増えていますね。

みれい やっぱり母親によって強くコントロールされていたんですかね？

kai そういう可能性もあるのかなと思います。ただ、やっぱりその母親自身の第2チャクラも傷ついているんですよね。第2チャクラ閉じすぎでも開きすぎでも、孤独感がとても強くなるのですが、母親自身も第2チャクラが傷ついたまま大人になっているから、孤独感を内に抱えています。そうなると、子どもとずっとつながっていたくなるし、子どもを手元に置いておきたくなる。たまに、子どもが傷つくことと自分が傷つくことを同一化してしまっているおかあさんを見かけます。それは、母と子の共依存の状態が、よくない形で表れてしまっているんですね。「モンスターペアレント」と呼ばれてしまうようなおかあさんの多くは、子どもが傷ついているると、無意識に自分が傷ついているように感じていたりする。だから、子どもが傷ついている場面に遭遇（そうぐう）すると、「モンスター」になっちゃうわけです。自分が傷ついていることと「イコール」だから。

みれい　なるほど！

kai　親がそういう状態だと、子どもの側も同一化してしまう。そうすると、子どもの中の「私」という個の感覚が、いつまでも育ちません。そのままどんどん進んでいくと、幹が太くならないまま、こころが「ひょろひょろ」のまま、背丈だけ大きい頼りない大人になってしまうんです。

みれい　それは、生きていることがどこかこころもとない状態ですよね……。

kai　講座中にも何度も言っていますが、「全ておかあさんの責任」というわけでは決してないんです。きっと、おかあさん達も、自分の子ども達をあるがまま、のびのびとさせてあげたい、という気持ちはあると思います。でも、まずはおかあさん達が「自分のありのまま」を許さない限り、子どものありのままを許すことはできないんです。わたしがいつも思うのは、まずは、おかあさん達が、自分が傷ついていることに気づいて癒されてほしいということ。そのために第2チャクラのことを伝えている、という面もあるんです。

第2チャクラと豊かさの関係

みれい　2022年に第2チャクラの講座をした時、「まずは、目の前のお子さんではなく、ご自身のことを振り返ってください。ご自身のことを最優先に」ってkaiさんが何度伝えても、自分の子育てのほうに反省の目がむいてしまう、という方が多かったのですが、それって第2チャクラ閉じすぎのサインだったのかもですね。

kai　それはあると思います。

みれい　「あなたのことを振り返ってください」って言ってるのに、お伝えするそばから子育てのことに転嫁してしまう。

kai　本当に大事なことからは逃げて、本当に逃げなきゃいけないところから逃げていない、というか。第2チャクラ閉じすぎも、開きすぎも、自分を傷つけるという特徴があるんです。「自分には価値がない」という思いがベースだから。こういう方達が、ここちよくなりたい、豊かになりたいと思っても、第2チャクラが傷ついていると、自分にここちいい状況や豊かさを与えてあげられないんですね。

みれい　第2チャクラ閉じすぎさんの特徴でいうと、お金のブロックが強く、お金を使えない人も多い気がします。能力はあるのに稼がない、受け取らない。おいしいものが大好きなのに、なかなかそれを自分に与えない、とか。

kai　「ブラック企業」だとうっすらわかりつつも、悪条件のまま、仕事を辞められずズルズルとそこに留まり続けてしまう、という人も多いですね。もちろん、言うまでもなく、企業側が改善すべき問題ですし、社会システムそのものの問題もあるかもしれません。でも、チャクラの視点では、「つらいと思いつつ、そこから逃げない」、そして「逆に自分を追い込んでしまう」というその人のこころの状態に注目します。

みれい　はい、わたしもチャクラの視点を知ってからというもの、ブラックな社会システムの見直しは言うまでもないことですが、同時に人間が本来もっているセンサーが正常に作動することも本当に大切なんだなって。逃げられる状況でも、そこに留まり続けようとしてしまうというチャクラの状態があるんだとわかった。つまり、センサー自体が狂ってしまって動けなくなっているのかもという視座を併せてもつことができれば、社会的にも本当の解決につながるのでは?と思うのです。

kai そうなんです。そのセンサーの狂いは、まさにチャクラの乱れからきているんですね。仕事でも、あるいはパートナーとの関係でも、自分を過酷な状況に置いたり、極限まで追い込んだりしてしまうということの根底には、「無価値感」がある。「自分はしあわせになる価値がない」という無意識の思い込みをもっているんですね。そしてその思い込みは、1~10歳頃のおかあさんとの関係によって生まれる、ということなんです。

みれい 何度も繰り返しになりますが、母親が悪い、ということを言いたいんじゃないんですよね。決してそういうことではなくて、このメカニズムをみんなでまず知ることができたら、と。さまざまな社会の問題、家庭の問題に対して、最悪の事態になる前に、もっと手を打てるんじゃないか、という気持ちがあります。

第6チャクラとの呼応

kai　第2チャクラは、「I feel」＝「私はこう感じる」ということを教えてくれるチャクラなんですね。「私は今、こんなことを感じている」「私は気持ちいいと感じている」「私はいやだと感じている」。そういった周りの環境や物事への「感度」を、第2チャクラは司っています。そして、その感覚を眉間にある第6チャクラが感知して、次の行動を考えるんですね。第2チャクラと第6チャクラは影響を与え合っているんです。

みれい　第6チャクラって理解したり、観察したり、洞察するというようなチャクラですよね。いわゆる「第3の目」なんていわれているところですが。

kai　はい。第6チャクラって、簡単に言うと「自分にとっての真実を見極める」という働きをするチャクラなんですね。ここが閉じていると、真実を見極める力がなくなってしまう。人によっては、騙(だま)されたりすることもあります。見抜けないんですね。

みれい　テレビのニュースで言っていることを、丸ごと信じてしまったり。

kai　はい。自分がどう感じているか、感知できないんです。何か違和感がある情報だったとしても、真実を見抜けない。さらに、第2チャクラが閉じていると、そもそも「I feel」＝「私はこう感じる」という物事への「感度」が失われるので、第6チャクラと第2チャクラが両方閉じていると、本当に何もわからなくなる。

みれい　むむー。第6チャクラが閉じていると、物事の本質がわからなくなり、さらに第2チャクラが閉じていると、違和感さえ生まれなくなる、と。

kai　そうなると、その人にとっては、世間一般で正解といわれているものが正解ということになってしまうんです。何もわからないから、外側の情報を鵜呑みにしてしまう。

みれい　「世の中の人が、どうしてこんなに無思考で、何かに従ってしまうんだろう」と感じることも多いのですが、チャクラの視点で見ると本当にわかりやすいです。

kai　一方で、昭和の時代はなんの疑問ももたず、「そういうもんだ」と受け入れていた会社のやり方が「ブラック企業だ」といわれたりすることが増えてきました。「これっておかしい」と、みんな少しずつ気づきだしている。それって、第2チャクラと第6チャクラが以前よりも開いてきている、ということでもあると思うんですね。一人ひとりが目覚めていくと、今までまかり通っていたことが、そうじゃなくなる。それは希望ですよね。

みれい　本当に！　本当に「あれ？」って違和感に気づくようなことがあちこちで、雪崩のように起こっていますよね。一人ひとりの違和感を伝える声がどんどん大きくなってきている。時代的にも、いよいよ第2チャクラだったり第6チャクラが、活性化される時代に入ってきているんですね。

kai　一人ひとりが、自分が感じていることを、「私はこう感じていいんだ」と思えたらすごくいいなと思います。そのためには、下半身を温めて、ドシッとこころを安定させておくことが、いちばん大切ですね。

みれい　はい。からだってすごく優秀で、ただおなかに手をあてたり、半身浴をして温めたりするだけで変化が起きてきますもんね。からだが変わるとこころも変わる。何より同時にチャクラも開いて活性化していくというわけですね。

下半身を温めて「私」を取り戻す

みれい　いや、何を隠そう、わたしもとんでもなく第2チャクラ閉じすぎさんだったわけで、いつも不安だし、正解を外に求めていたし、いつも働きすぎで、承認欲求もすごくて、彼氏がいれば彼氏の顔色をうかがい、友人の真似をし、何か支えになるものを常に探している20代でした。そうこうするうちにからだまで壊してしまって、そうして、冷えとり健康法やアーユルヴェーダの知恵にであったんです。冷えとりでは、とにかく、下半身を温めるんです。半身浴を30代後半からただひたすらやり続けて今に至るわけですが、本当にわたしは、冷えとりで下半身を温めて、「私」を取り戻していったんだなと、第2チャクラのことを学んであらためて答え合わせをしている感じです。

kai　半身浴を続けていると、生理不順が改善したりすることがあります。チャクラの視点で見ると、それは第2チャクラが支配している「子宮」や「卵巣」などの部位が、温められることによって活性化し始めるからなんですね。

みれい　丹田のあたりのことでいうと、よく日本語で「肚(はら)が決まる」なんていいますが。

kai　そうなんです。「肚」なんです。

みれい　肚が決まっていたら、自分がどう感じているかもちゃんと自分で感じられるし、何をしたらいいかも自然にわかる。そうして真実も見極められる。でも、本来、人間なら誰でももっている能力だと思うんです。第2チャクラが癒されて、プラーナを取り込めるようになって、肚が決まってきたら、孤独感も感じないし、ひとりでいても誰かといても楽しい。誰かと充実したパートナーシップも結べて……。

kai はい。わたし自身、第2チャクラの癒しは、半身浴から始まったんですよ。

みれい kaiさんにもセルフケアに集中された時期があったんですよね？

kai そうなんです。2011年に東日本大震災があって、東京から、神奈川県・湘南地区にある葉山町に引っ越した頃ですね。それまでやっていた仕事も全部辞めて、近くの保育園で1〜6歳までの子どもの保育補助をするアルバイトをしながら、ひたすら半身浴をしていたんです。『マーマーマガジン』で冷えとり健康法を知って、半身浴を朝1時間、夜2時間、毎日続けていました。

みれい すごい！

kai 本当に、変わりたかったんです。半身浴をずっと続けていって、大体半年目くらいで、急に悲しくなって大号泣したり、子どもの頃の悲しかったことを思い出してどうしようもなく怒りが湧き上がったり、大きな感情の波が、毎日何かしら襲(おそ)ってきました。そして、ある時、原因不明の高熱が数日間続いたんです。声も出なくなったりして。

みれい 瞑眩。好転反応ですね。心身がよくなろうとする時、一見悪くなったようになるという。熱が出る人、おなかを壊す人、肌に湿疹が出る人、悪夢を見る人、怒りをバーッと出す人……。100人いたら100人違うし、その度合いも違うようなのですが、溜まっていたものを出して、スッキリしていくんですよね。しかも、手前の毒（時間的に近いところの毒）から出ていくと言われているんですが、ｋａｉさんの高熱は何か深いところの、大きな毒だしっぽいですね。

ｋａｉ はい。それでそこからなんです。何かがパッと開いて……。

みれい いろいろな目に見えない世界のことがわかるようになった、と。

ｋａｉ はい。自分の状態に戸惑ってしまって、スピリチュアルな感覚をもつ方に相談したら、「あなたは子どもの頃から、本当はいろいろなものが観えていた。でも、それをずっと抑えていた」と言われて。

みれい そうして、あれよあれよと、スピリチュアルカウンセリングをすることになっていったんですよね。その辺りの詳細は、『ｋａｉのチャクラケアブック』（エムエム・ブックス〉や『まぁまぁマガジン』25号のｋａｉさんのインタビューをぜひ読んでいただきたいですが……。とにかく本来のｋａｉさんの能力が出てきた。そのほかになさっていたこともあるんですよね？

ｋａｉ　半身浴ともうひとつやってよかったのが、この本でも紹介した「丹田に意識を向ける瞑想」です。葉山に住んですぐに参加した瞑想会で習得したのですが、それに毎日1、2時間、取り組んでいましたね。保育のアルバイトに行く以外は、半身浴をして、瞑想をして、そうやってひたすら自分を浄化することに時間を費やしていたんです。断捨離も盛大にやりました。いろいろ極端に取り組みすぎたかな、と今では思っているのですが……。

みれい　その約1年というのは、ｋａｉさんの第2チャクラを整える合宿みたいな感じだったんでしょうね。そうして、然るべきタイミングで、好転反応のようなものが起きて、その後、本来の自分が表に出てきたと。

ｋａｉ　わたしの場合はそうでした。無価値感のいちばんの弊害は、その人の本来の才能が抑えられてしまうことなんです。私には価値がない、私がやっていることには何の価値もない、って自分の生まれもった才能を見て見ぬふりをして、ないものにしてしまう。むしろそれを嫌ってしまったりする。実際、当時の自分は、「得意なことが何もない」「人より劣っている」と、こころからそう思っていました。

kaiの話

みれい　kaiさんが集中的に、半身浴や瞑想をしながらご自身と向き合って、この本でいうところの第2チャクラケアに取り組んでいた時期というのは、何歳頃のお話なんですか？

kai　27〜28歳頃ですね。湘南に移り住む前は都内に住んでいて、週末になると新宿2丁目で朝まで飲み歩いていました。本当に向き合わないといけないことから逃げていたんだと思います。あくまでわたしの場合は、ですが。食事も何もかも荒んでいて、そんな生活を続けていたら、あるとき、からだを壊してしまったんです。それが、養生生活を送るきっかけになりました。

みれい　そうなんですね。

kai　東京にいた頃は、自分のこころやからだをいろんな方法で傷つけていました。

でもそれは、第2チャクラが深く傷ついていたからなんですよね。わたしは、第2チャクラが閉じすぎてもいたし、同時に開きすぎてもいたのですが、それは、チャクラがとても深く傷ついている人に現れる「陰陽転化」という状態（252ページに解説あり）。自分が何者なのかわからないし、不安でいっぱい。自分を追い込んで、毎日疲れていて。誰かにやさしくしてもらいたくて、「誰でもいいから」と人を求めて。お酒を浴びるように飲んで、ヘヴィスモーカーで、クラブでバカ騒ぎして……。第2チャクラ閉じすぎと開きすぎの特徴が、自分の中で混在していました。そんなわたしにとって、こころのよりどころだったのが、新宿2丁目でした。街そのものが、「おかあさん」のように感じられて。もちろん、それだけじゃない側面もありますが、いずれにしても、全てを受け止めてくれる懐の深い街だと感じます。

みれい　わたしも講座で、開きすぎさんのチアキの役をさせていただいたことがあったんですけど、ある意味で自分もあのままだったというか……。しかも、仕事も頑張りすぎていたから……とにかく開きすぎ、閉じすぎ、この両極を行ったり来たり。第2チャクラは最悪の状態でしたね。そういう時期にわたしも、新宿2丁目に入り浸っていた時期があって。

kai　わかります。わたしもそうでしたが、多くの現代人は、こころの奥底で「おかあさん」をいつも求めていますから。

みれいの話

kai　みれいさんは、第2チャクラが傷ついたままだった頃、癒していく過程でどういうことがありましたか？

みれい　わたしは、閉じすぎ、開きすぎの状態を散々経験した結果、28歳で肺結核になったんです。それで仕事を辞めて、約1年弱、実家で肺結核の療養をしたんです。それも自然がたくさんあって空気がきれいなところ、ということもあってそうしたのですが、その期間何もしないで、自然と触れ合ったことは大きな体験でした。

kai　そうだったんですね。

みれい　そうしてまた東京に戻って、アルバイトをして少しずつ体力がついてきて、フリーランスの編集者、ライターとして本格的に仕事を始めたんですね。その頃からだんだん、東洋医学の知恵に触れるようになっていったんです。そうしてどういうきっかけだったかは忘れましたが、31歳の時に、母に、大号泣しながら、これまで言いたくても言えなかったことを全部手紙に書いて、出したんです。そうしたら母はすぐに返事をくれて、こころからの謝罪がありました。

kai うーん！

みれい その直後に1回目の結婚をしています。

kai はぁ〜、すごい！

みれい その結婚もすぐに離婚することになるのですが、今思えば、あの結婚と離婚も第2チャクラ案件で、あの体験を通して、第2チャクラケアをさせてもらったんだなと思います。というのも結婚から離婚まで含めて、わたしの場合は「親を切る」ということでもあったなと。結婚で親と離れ、さらに離婚で「いい子」の限界がきて、いわゆる「着ぐるみ」がバーッと脱げて、「もう素の自分でやるしかない」というやぶれかぶれの状態になり、少しは肚が決まったのかな、と。

kai 離婚が決まった時、おかあさんは、どういう反応でしたか？

みれい あまりよく覚えていないですが……あなたがそう決めたならわかったよ、という感じだった気がします。さして反対もされなかったし、ものすごく応援をしてくれたわけでもないというか。35歳の時です。だから、わたしの最初の親離れは35歳だった。もう、おかあさんやおとうさんが期待する「いい子はおしまいだよ」という感じ。時間がかかりましたね。

kai いえいえ、早いほうだと思います。わたしの元クライアントさんで、60代の方もいらっしゃったけど、60代でも、母親離れ、子離れ、どちらもできていないということもありました。第2チャクラが順調に成長できていれば、10代の時に終わらせることができるはずなのですが。

みれい いや、kaiさん、わたし違ったかも。今思い出したのですが、離婚後『マーマーマガジン』を創刊したんですがその頃、いわゆる腐れ縁だった人とも決定的な別れがあったんです。今回、第2チャクラの学びをして、結局は、長い間、その人を母親がわりにしていたんだなとようやく気づいたんです。

kai わかります、すごくわかります。

みれい 羊文学の曲で『夜を越えて』っていう歌があるんです。「君の言うことが何でも正しいような気がして　花のワンピース着たり、可愛いひとになったり」って歌詞があるんですけど、まさにわたしのことですやん、と。その人とは、恋人じゃなくなってからも何度も再会をしていて、とうとう縁が切れたのが、『マーマーマガジン』を創刊したあとだった。だから、35歳で親とは切れたと言ったけど、結局、その依存先の人物と縁が切れたのは、38歳くらいのときです。あのときに最後の「ラスボス」とも離れて、本当に、親と切れたといえるかもしれません。

kai　すごい話！　第2チャクラが傷ついていると、常に何かにつかまっていたいんです。第2チャクラが閉じすぎている人の特徴で、「真似っこをする」というのがあるんですが、それもある種、間接的な依存の形、というか。第2チャクラが閉じていると、（実際の）母親だったり、母親的な存在だったり、その人のカラーに染まることで、つながっているという安心感を得ようとするんですね。

みれい　いやーわかります。ついこのあいだも第2チャクラの話でスタッフ同士で盛り上がったあと、お蕎麦屋さんへ行ったんですよ。そうしたら、その場にいたみんなは講座も受けていて、第2チャクラ閉じてるっていう自覚のある人達ばかりでしたが、ある人が味噌煮込みうどんを頼んだら、みんな同じものをオーダーしていて！　無意識だと思うんですが、誰かと同じものを頼んだり、人気のものや、オススメのものにしたがるんだなって気づいて、顔を見合わせてしまいました。真似っこが板についている。

kai　服なんかもそうです。たとえば、とても憧れていたり、尊敬したりしている大好きな女友だちがいるとして、その人の服装やメイク、言葉遣いなど、何から何まで真似ようとする。自分のことがわからなくて、真似ることで自分を確立しようとするんですね。本来なら、子どもの時期に真似っこをすることは終えているはずなのですが、第2チャクラが閉じていると、大人になっても誰かの真似っこをし続けてしまう。男性に染まっていくというのも同じ。実は、わたしもそうでした。以前は付き合う相手の人によって全部服装が変わったりしていましたね。

みれい　そうなんですね。

kai　それは、「愛されたい」からなんですよ。

みれい　無意識にミラーリングしてしまうんですね。

kai　第2チャクラって、「愛されること」がテーマのチャクラなんですね。第2チャクラには「受け取る」という支配行動があるのですが、「愛される」とは「愛を受け取る」ことでもあるんです。ちなみに、「（自分から人を）愛すること」というテーマは第4チャクラが担当しています。第2チャクラは、「愛すること」ではなく、

「愛されること」が大切なんです。わたし達はこの世界に生まれて、「愛されること」のほうが先ですよね。人を愛するのは、そのあと。たっぷり愛を受け取るから、人に愛を渡すことができる。愛の「渡し方」がわかるようになるんです。だから、愛を受け取ってこなかった第2チャクラ閉じすぎさんは、無意識に「愛されよう」としてしまうわけです。

みれい なるほど！　好かれよう好かれようとしてしまうんですね。

kai そうです。人は、たっぷり愛を受け取ったら、自分を愛せるようになるんです。受け取った愛で自分を愛して、余った愛で、誰かを愛する。そのとき、第2チャクラはとてもよい状態で循環しているんです。

みれい そうですか……。と、いうことは、十分に愛を受け取るということが子ども時代にできていないと、大人になった時に、その代替のものや存在を探していく、と。

kai はい。そういうことはありますね。もうひとつ興味深いのが、第2チャクラ閉じすぎさんは「お給料は低くてもいい」という人がすごく多いことなんです。「これくらいで十分」と、多くを望まない。さらによくない形で現れると、劣悪(れつあく)な待遇のブラック企業に身を置いてしまう。支配行動の「受け取る」ができなくなるからなんですが。「私は豊かさを受け取っていいんだ」と思えない。自分に許してあげられない。許し方がわからない。

みれい　いやあ……これも本当にすごい気づきです。

kai　先ほどの「愛される」という話も、その子自身がどう受け取っていたか、が大切なんですね。おかあさん側がしっかり愛を注いでいたつもりでも、その子が「愛されなかった」と感じたなら、それは、やっぱり愛されなかったんです。子どもにお金をかけて受験させて、いい学校に行かせることがおかあさんの「愛」だったとしても、それを子どもが望んでいなかったり、むしろ苦痛であったりしたなら、その子にとって、それは「愛」ではないんです。すると、「愛」がわからなくなる。愛の迷子になるわけです。

みれい　いや、もはやそんなお話ばっかりじゃないかと思ってしまいますね。

kai　そして、そのまま大人になってしまうと、本当の意味で自立することができなくなる。第2チャクラ閉じすぎさん・代表のさやかさんは、仕事もして、ひとり暮らしもして、一見自立できているように見えるけれど、本当の意味では自立できていない。自分のことがわからなくて、迷子になっている。

みれい　確かに、第2チャクラが閉じていると、どこか幼い印象は感じますね。ただ、ネオテニー（幼形成熟）の人が増えているのも何か意味がある気がしていて。寿命も伸びていますし、その分、可塑性が高くなっているというか、糊代が大きいのかもとも感じているんです。ちゃんといいことにつながっている。いずれにしても、いつからでも第2チャクラは癒していけるし、いつからでも自立していけますものね。

kai　はい。遅いということは全くありませんね。わたしがカウンセリングをしていた当時のクライアントさんも、50歳、60歳をすぎてから、ようやく本当の意味での自立を体験した人もいました。母親が天国へ旅立ってから本当の意味で自由になれた、自立できた、という人も多かったんです。少し悲しいことなのかもしれませんが……。

みれい　そうですか……。そうそう、ケルマデックさんというユニークな活動をされている作家さんが、「ハイジ、一休さん、スーパーマン……、世の中のヒロイン、ヒーローの特徴のひとつは、圧倒的に母不在か死別していることが多い」とおっしゃっていて、実際、みなさん、母親、あるいは母親的な存在がいなくなったときに、いよいよ人生の主人公になれるのかなと思ったりもします。わたしも2015年に母親が他界していて、当時は悲しくて寂しくて大変でしたが、でも一方で、あの頃から下位チャクラがどっしりした感覚もすごくあります。本当の意味で大人になれたというか。

感情の解放は、いくつになってもやり直せる

kai 第2チャクラが癒されて、本当の意味で自立していく過程のなかで、号泣したり、怒りの感情が溢れて止められなくなったりすることが、何回も訪れるんですよね。

みれい あります、あります。

kai 子どもって、3歳くらいまでは自制が利かないくらい泣き喚(わめ)いたりすることがあると思うんですが、その年齢を過ぎたあたりから、だんだんと周りの空気を読んだり、母親の顔色をうかがったりするようになって、泣いたり、ワガママを言ったりすることも少しずつ減ってきますよね(もちろん子どもによりますが)。でも、1〜

10歳の第2チャクラの成長期は、魂が「慣らし運転」をするときだから、感情も欲求も、衝動に任せて、ある程度解放させてあげることも必要なんです。とはいっても、現代社会の中で育てていると、そうも言ってられない。だから、おかあさんは子どもをコントロールしようとする。「言うことを聞かない子は嫌い」「おかあさんを困らせないで」、と。それが長期間繰り返されると、その子の第2チャクラの成長が止まって、そのまま大人になっていくわけです。第2チャクラのセルフケアを続けていくと、まるで子ども返りをしたかのように、泣いたり、怒ったり、ワガママになったりすることがあるのですが、それは第2チャクラの成長の過程を、大人になってからやり直しているんですね。

みれい　わかります！　子どもの頃に十分泣いたりしていないと、大人になってちゃんと泣くことになるというか。わたしも、セルフケアを始めてからというもの、タガが外れるくらい泣くみたいなことがちゃんとできるようになりました。これって何か、号泣の扉みたいなものがあって、そこが一度開くとその後できるようになる気がします。酷い話ですが、街の中で転がって大泣きしたこともあります。

kai　そうですね。子どもの頃だったら、街中で号泣するとか、変なことではないですよね。そういうことが、第2チャクラの癒しの過程で、たくさん表に出てくるんだと思います。セルフケアを続けていくと、一時的に何もかもがいやになる「イヤイヤ期」が訪れたりすることもあるんですよ。その時期を通過したら、またおさまっていくのですが。

みれい　いやあ、本当に第2チャクラのしくみは興味深いです。人間が、根本で母親、あるいは母親的なものを支えにして生きていくしかない、依存しきって十分受け取らないと、自立できないというしくみそのものが……。

kai　本当におもしろいしくみですよね。他にも興味深いのが、チャクラは自然に触れることで癒される、という点です。たとえば、第1チャクラは、土に触れると癒される。第2チャクラは、海に触れると癒される。第3チャクラは、木の幹に触れると癒される。第4チャクラは花に触れると癒される。

みれい　第2チャクラは、海に癒される。そうそう、第2チャクラが開きすぎると、アケミやチアキみたいな感じ、シンプルにいうとヤンキーみたいな感じになったりするのかなと思うのですが、ある時思ったんですよ、ヤンキーって海に集まるなって。

kai　はい、湘南の海辺も、夏はアケミやチアキみたいな人をたくさん見かけます。

「湘南爆走族」も、この令和の時代にも、まだいるんです。「パラリラパラリラ～♪」って。

みれい 山に集まるヤンキーってあんまり見たことなくて。どちらかというと海にいるイメージ。だから、人間って、必要なものをちゃんと察知して摂取しにいっているんだな、えらいなって思ったことがあります。

kai 本当に人間のしくみ、地球のしくみというのが、チャクラを学んでいるとわかってきます。その中でいちばん「このしくみはすごいな！」と思ったのが、第2チャクラなんですが、本当にこの社会全部に関係している大事なチャクラですね。

物語でも第2チャクラは癒される

kai みれいさんは、映画『ミッドナイトスワン』をご存じですか？

みれい 予告編を観ました！

kai あれは、母性が根底のテーマにある作品だと思うんですね。主人公を演じる草彅（くさなぎ）剛さんが、トランスジェンダーの役で。母親から育児放棄された親戚の子どもを、主人公の女性がいやいや引き取る、という場面から物語が始まります。その子は母親から虐待を受けていたのですが、おかあさんから罵倒(ばとう)されたあと、お風呂で自分の腕に嚙みつく、というシーンがあるんです。いわゆる自傷行為ですね。

みれい　わあ……。

kai　草彅さん演じるトランスジェンダーの女性もまた、母親から自分のジェンダーを否定されて、傷ついていて。親戚の子どもを預かることで、彼女の中に母性や愛が目覚めて、自分の傷とも向き合っていくんですね。映画全体を通して、第2チャクラの傷や、母性について描いている、と感じました。最後の最後まで、観ていて苦しくなる話でしたね。この映画が日本アカデミー賞最優秀作品賞を取る、ということがすごいな、と。大勢の人がこの映画を観ることで、自分の中にある傷と向き合っていたのではないでしょうか。

みれい　自分の傷を見る代わりに、映画を通して自分を投影し、癒された……。

kai　第2チャクラの、特に開きすぎのしくみを、わかりやすく描いているなと思いました。とっても悲しいストーリーなのですが。

みれい　そのほか、第2チャクラを癒すオススメの作品ってありますか？

kai　同じく、第2チャクラ開きすぎの物語と言えば、漫画家・岡崎京子さんの著作『pink』がありますね。一般企業で事務職をしながら、夜はセックスワーカーとして働く女性が主人公。彼女は、母親を早くに亡くしていて、亡き母の存在に、ある種執着しているんです。ポップなトーンのお話ですが、読んでいるとなんだか悲しい気持ちになります。でも、自分の中の何かが不思議と癒されるんですよね。岡崎京子さんの漫画はどれも大好きなのですが、第2チャクラ開きすぎの主人公が多い気がします。

みれい　確かに！　岡崎京子さんの漫画は、第2チャクラ開きすぎの人がたくさん出てくるイメージです。漫画でいうと『凪のお暇』も、まさに第2チャクラについての漫画だとkaiさんおっしゃっていましたよね。ものすごくおもしろかったです。

kai　第2チャクラが超絶閉じすぎている凪ちゃんという若い女性が主人公の漫画なのですが、彼女と母親との関係が物語の軸になっているんですね。かなりねじ曲がった思い込みを持つおかあさんに育てられた凪ちゃんは、就職も、彼氏も、髪型も、自分の性格も、全てが無意識に母親基準になっていて。母親に人生を支配されているんですね。そのことに自分の力で気づいて、本来の自分を取り戻していく、というお話です。凪ちゃんが母の支配から逃れていく様子が、恋愛も交えながら、めちゃんこおもしろく描かれていて……。大好きな漫画です。こんなにも第2チャクラのしくみをわかりやすく学べる物語はほかにないし、まさに、読むセラピーですね。

みれい　こうした物語に触れることもセラピーそのものになるんですね。わたしは小説『おらおらでひとりいぐも』が、第2チャクラ小説としても読めるなと感じました。主人公の女性は、子育てが終わって、夫を亡くして、いよいよひとりになる。それまでは、魂の操縦席に夫が座っていた。ところが、ひとりになって突然自分の中から「東北弁」が出てくるんですね。いよいよ「本当の自分」が出てくるんです。そうして本心を語りだすわけです。どの年齢からでも第2チャクラの癒しはできるんだ、と思わせてくれる物語です。

kai　第2チャクラの物語は、どこか共通しているテーマがありますね。

みれい　はい。最近の漫画だと『宇宙生物学者プラテス』という作品も、かなり第2チャクラの話とも言えるなと。主人公のナギは、まさに、ワーカホリックのおかあさんから、あるがままの自分を受け入れられた経験がなくて。まさに、いつも海に潜っています。友人のリンは、からだは男性だけれどこころは違っていて。髪の毛を伸ばしてスカートはいたりするんですけど、やっぱり親から受け入れられていない。もうひとり、ユータローも勉強ばかりしているんだけれど、それが本当に自分のやりたいことなのか？っていう疑問があって。宇宙や魂の視点がすごくわかりやすく入っていて、「魂は地球で何をしようとしていたんだっけ？」っていうものすごく根本的な問いかけがある漫画なんです。自然は全部受け入れてくれるよ、という畑のシーンもあったりして、ｋａｉさんのチャクラの知恵とのシンクロがむちゃくちゃある作品です。とにかく、どんどんいろいろな形で、第２チャクラの問題が外に表れてきているなと感じます。

kai　はい。どんどん開示されていっていますよね。

第2チャクラとわたし　ka・i編

以前のわたしの第2チャクラが乱れまくっていたことは、ここまでで語ってきましたね。具体的にどれくらい乱れていたのか、当時を思い返してみました。あの頃のわたしは、第2チャクラ閉じすぎと開きすぎの特徴が混在していました。これは、チャクラが深く傷ついて起こる「陰陽転化」という状態です（詳しくは252ページへ）。思い返すだけで白目になっちゃいますが……「ここまで乱れていても整えられるんだ」という希望にしてもらえたら、という想いでまとめてみました。

第2チャクラケアを始めるまでのka・iの状態

- 自分が何をやりたいのかわからなかった
- 自分には何の才能もないと思っていた
- 漠然とした不安感を常に抱えていた
- 人から嫌われていないか、いつも不安だった

●（今思うと）劣悪な就労環境で、労働に見合わない低賃金の「ブラック企業」に勤めていた

●自分の個性を打ち出すより、「モテ服」や「モテヘアスタイル」ばかり選んでいた

●恋愛において、自分がどういう人と気が合うのか、わからなかった

●人の真似ばかりしていた

●人からの褒め言葉を「いやいや」「わたしなんて」と否定して、素直に受け取らなかった

など。

ここまでが、第2チャクラ閉じすぎの特徴に当てはまります。

そして、ここから先が、第2チャクラ開きすぎの特徴です。

●お酒、タバコを過剰に摂取していた

●人が密集した騒々しい場所に好んで身を置いた

●2番手だったり、ひどい扱いをされたりする人をあえてパートナーに選んでいた

●冷たい飲みものばかり好んで飲み、温かい飲みものは全く飲めなかった

●お風呂が大嫌いで、シャワーをサッと浴びるだけだった

など。

２０１０年頃までのｋａｉはこんな状態

でした。自分の中に、第2チャクラ閉じすぎさんと開きすぎさんが仲良く同居(?)していて、まさに「カオス」! 食生活も荒れていましたね。

夜遊びと不摂生のツケがまわってきたのか、原因不明の体調不良が1ヶ月ほど続いたことで、ギリギリのところで保っていた「カオス」なこころとからだが、雪崩を起こすように一気に「崩壊」してしまいました。何もかもをリセットしたくなって、東日本大震災を機に当時住んでいた渋谷区を離れ、自然に囲まれた神奈川県・湘南地区へと移住。本格的に第2チャクラケアをスタートさせました。

対談でもお話ししていますが、半身浴や瞑想など、自分をリセットしたい一心で、真剣に取り組んだんです。

具体的にわたしがどんなケアをしたのか、まとめますね。

ka・iの第2チャクラケア

- ●半身浴/1日に1~2時間前後、毎日 ☞やり方は119ページ
- ●丹田瞑想(丹田に意識を向ける瞑想)/朝夕1~1.5時間前後、毎日 ☞やり方は127ページ
- ●海辺に夕日を見に行く/ほぼ毎日
- ●海に浸かる/夏のあいだ、1週間に1度くらい
- ●信頼できるカウンセラーのもとを訪れ、

悩みや不安を聞いてもらう／月に1〜2回
●第2チャクラのヒーリングワードを唱える／毎日、瞑想後に ☞詳しくは130ページ
●ラズベリーリーフティーを飲む／週に何度か ☞飲み方は134ページ
●イランイランのアロマオイルを部屋に焚く／ほぼ毎日 ☞やり方は124ページ

など。

当時はこれらが「第2チャクラケア」だと知らずに取り組んでいましたが、続けていくうちに乱れの特徴が減っていったんです。そのひとつが、不安感が減った、ということ。いつも心の中が不安でいっぱいでしたが、ケアを続けて数ヶ月経った頃、気づけば不安感が自分の中から不思議なほど消えていました。

ただ、ここまで集中して取り組める人もなかなかいないと思いますし、この一覧の全部をやる必要もないと思います。でも、取り組むことでよい変化がたくさん起きたことはたしかです。最後に現在のわたしの状態をまとめますね。

第2チャクラケアを経て、2024年現在のkai

●自分が何に惹かれるのかがわかる
●自分のやるべきことがわかる

●不安がなく、安心感に包まれている
●仕事などで無理をしない
●相当の対価（報酬など）を、遠慮せず、感謝して受け取ることができる
●自分が好きなファッションやヘアスタイルを楽しんでいる
●ストレスなく付き合える、気が合う友人が周りにいる
●信頼できるパートナーと出会い、よい距離感の関係を築いている
●人からの褒め言葉を素直に受け取ることができる
●自分の「オリジナル」をいつも追求している
●腰の痛みを感じない

など。

これは、あくまでわたしの体験であり、現在のわたしが「整ったよい例」だと言いたいわけではありません。自分もまだまだ整え中ですし、わたしの今の状態が皆さんにとって「よい状態」とも限りません。

でも、ひとつ言えることは、ものすごく楽になった、ということです。幸せだとこころから感じる日も圧倒的に増えました。

いくら「カオス」でも、第2チャクラをケアすれば整えることができる。そのことを身をもって体験しました。第2チャクラケアは、どんな人にも希望をもたらしてくれます。

第2チャクラが整えば、社会全体も癒される

kai 第2チャクラ講座でいただいた質問や感想を読んでいても、みなさん、それぞれに大変な体験をされているようで……今、そのことを思い出していました。

みれい 講座の最中にも、チャット欄に「吐きそう」とかコメントが入りましたよね。いや、思いっきり肉体的な虐待……顔にあざができるような暴力がある家庭も大変に違いないです。一方で、一見「いい家」みたいな状況で、でも、表に出ない形でまことしやかに、強力なコントロールがあるとか、ネグレクト（無視）とか、アルコール依存症の問題とか、共依存とかがある。そういう家庭で育つことも本当に同じくらいしんどいし、その人は、それに気づいて向き合うまで、何らかの形で、大変なことを体験し続けるという気がします。傷が傷を呼んでいくといいますか……。

kai 誰もがいちばん見たくないのが、自分のなかの過去にできた傷なんですよね。そこにいちばん、向き合えない。

みれい　きついですよね。性的な虐待の場合は、本人が覚えていないこともあって。

kai　講座でも、いちばん時間を取って大事に伝えているのが、「どういうことによってチャクラが傷つくのか」、そして、「その結果、どういう特徴がその人に現れるのか」ということなんです。それを聞くと、自分の過去や今の自分の状況を客観視できるんですね。それだけで癒される。そして、過去を許せるようになるし、手放せるようになるんです。だからこそ、講座ではそこを丁寧に時間をかけて伝えようとするのですが、受講者さんは、「もうわかりましたから、今すぐセルフケアを教えてください」となってしまう……。細かく知りたくないし、思い出したくない。

みれい　蓋をしているところだからこそ……。今回講座をしたときも、知りたいのに途中で抗(あらが)えない眠気におそわれて眠ってしまった、という人もいましたよね。やっぱり向き合うのがつらいからでしょうか。

kai　表面意識では受け取ることが難しくて、眠りながら潜在意識で受け取ろうとしておられるのかもしれません。たしかに、こころの準備のない状態で急激に内面の探究をしてしまうと、ショック反応のようなものが起きることがあって、人によってはあぶない場合もあるんです。だからこそ、十分に気をつけながら、丁寧に伝えるようにしています。

みれい　しかも親が世間的にいわゆる「いい人」だったり、社会的に立派な人だったりするとさらにややこしい。さやかさんのパターンですね。

kai　そうですね。わたしも含めて、現代人の多くが傷だらけのまま、大人になっている。「自分は傷ついていたんだ」と、まずは知ることから、癒しは始まるのだと思います。そのための第2チャクラ講座であり、そのためのこの本だと、わたしは思うんです。

性行為やカップルの話

kai　カウンセリングをしていた頃は、第2チャクラ閉じすぎのクライアントさんばかりでしたね。占いとか、好きな方が多いんですよ。自分のことがわからないから、誰かに聞きたい。自分のことを教えてほしい。でも、別の見方をすると、とても素直な人達なんです。子どものような純粋性をそのまま持っているので。逆に開きすぎの人は、少なかったですね。いらしても、癒されることに反発的だったり、抵抗を感じたりする人が多かった印象です。みんな、天邪鬼（あまのじゃく）ですしね。

みれい　確かに、アケミやチアキは、セラピーとかに行かなそうです。

kai　本当に、第2チャクラ閉じすぎさんと開きすぎさんは、タイプが真逆なんですよ。さやかとアケミなんて、キャラクターが正反対でしたよね。たとえば、第2チャクラ開きすぎさんは、性的なことに対してオープンで、むしろ欲求が強すぎるところがあるのですが、閉じすぎさんは性的なことが苦手だという人が多いんです。性行為そのものが好きじゃない、避けたい、という人もおられますね。第2チャクラが閉じすぎると、ここちよさを感じたり、快感を得たりすること（快楽を受け取ること）ができなくなるので、性的なオーガズムも感じにくくなるんです。そうなると、性行為に魅力が感じられなくなるし、必要性もわからず、面倒になったりする。場合によっては、性的なことに対して拒否反応が出てしまいます。だから、今女性の間でセルフプレジャーが注目されているのは、個人的にすごくいいことだなと思っていて……。

みれい　セルフプレジャーって？

kai　自分で自分のからだを愛し、性的な快感を得る行為のことですね。

みれい　へえ！　自慰行為のことを、セルフプレジャーっていうんですね！　すごくいいですね。

kai　はい。セルフケアの一環として、またセルフラブの行為のひとつとして、ポジティブな呼び方になっているんです。

みれい　……ということは、みんなセルフプレジャーもしていないんですか？

kai　おそらく、そうだと思います。わたしはゲイですが、女性にとっては異性なので、女性の受講者の多い講座ではセルフプレジャーのことは積極的に話さないようにしていたんですね。でも、今日は少し話そうと思います。というのも、第2チャクラの癒しとして、本当にセルフプレジャーはオススメなんです。第2チャクラの支配部位である女性器に、自分の手でやさしく触れて愛する、ということですから。わたしのパートナーが「すごく興味深いよ」と教えてくれたのですが、タレントのSHELLYさんのYouTubeチャンネルでセルフプレジャーについてとてもポジティブに紹介されていて。チャクラの視点で見ても、こうして注目されるのはすごくいいことだなぁ、と思っています。そして、こうやって注目を浴びるということ自体、第2チャクラの癒しがどんどん始まっている、とも捉えられますね。

みれい　そもそも、女性同士で集まって話す、ということも第2チャクラの癒しになるって教えてくださいましたよね。

kai　はい。そもそも、女性は共感力が強い生命体なんですね。共感は、母性の大きな役割でもあります。女性同士は集まると、互いの話に「わかる～」と共感しながら会話しますよね。あれが、とても第2チャクラの癒しになるんです。共感しながら、お互いがお互いのおかあさんになっているんですよね。

みれい　わあっ！　女性同士の井戸端会議には大切な意味があったんですねー！　女性同士のカップルもこれから増えるんじゃないかっておっしゃっていましたよね？

kai　はい。わたしは、女性という存在自体、ほぼほぼバイセクシャルなんだろうなと思っているんです。というのも、男性は、自分の性的対象が、自分のからだの反応で有無をいわさず認識できてしまう。そういうふうにからだの構造ができている。

みれい　男性器が勃起するから。

kai　はい。だから自分がバイセクシャルか、ゲイなのか、異性愛者なのか、自分でわかるんです。でも女性は、性的対象がそもそもとても曖昧なんですね。オーガズムを感じてこなかった人も多いですし、自分の性的対象がどこにあるのかということとがわからないまま生きている人も、めちゃめちゃ多いんじゃないかと思っていて。

みれい　はあ！　探究していないんですね。

kai　そうです。性的対象を探究していないんですよ！　これから話すことは、あくまでわたしの個人的な意見として受け取ってもらいたいのですが、「女性は、男性と結ばれて、子どもを産む生きもの」という無意識の思い込みが、実は女性の方が強いのでは、と感じます。それはやはり第2チャクラが関係していて、第2チャクラ閉じすぎの女性は特に、周りの空気を読みながら、一般常識から外れないように生きようとします。そして、おかあさんを心配させたくない、悲しませたくない、という思いも、男性よりも強い。そのため、性に対する無意識のブロックがあるのかもしれません。実際、新宿2丁目を歩いていても、男性同士のカップルは多いのですが、女性カップルは絶対数が少ないんですね。でも、潜在的にはバイセクシャルや同性愛者の女性って、実はとても多いのではないか、と常々思っているんです。クライアントさんの中で、お付き合いする対象が女性と男性を行ったり来たりする女性が、ある時期からとても増えたんですよ。

みれい　kａｉさんの周りでも女性同士のカップルが増えてきたって聞きました。わたしは、もう、高校生くらいの頃から、自分の周りでははっきりとバイセクシャルだとわかっている友人もいたし、あと、自分の母親の交友関係の様子を見ていても、ある種、同性愛的だなとかもよく感じていて。ここへきて、わたしの本の読者さんでも、ごく自然に、女性同士でカップルになりましたというお話をよく聞くようになっています。ドラマ『大豆田とわ子と三人の元夫』でも、主人公とわ子の母の恋人は女性でしたし。すてきな描き方で癒されました。

kai 新しい感覚をもった人達は性の垣根がよい意味で曖昧になってきている気がします。そもそも、女性同士でお付き合いすると、お互いに共感しあえて、第2チャクラを癒しあえるからすごくよいんです。

みれい なるほどですねー！ 共感しあえますもんね。

kai 男性と女性は、お互いに共感しづらい部分がどうしてもありますよね。でも、女性同士は比較的、共感し合える部分が多いし、それが癒しにつながる。そういう意味で、これから、女性同士のカップルというのも、増えるんじゃないかな、と思っています。

みれい うんうん、すごくわかります。

kai　こういう話をすると、抵抗を感じたり、反発の気持ちを抱いたりする人がおられますが、それも、チャクラの視点では、第2チャクラが影響している、と捉えます。もちろん、いろんな意見があって然るべき、と思います。ただ、何かに対して「嫌悪する」「避ける」「反発する」ということは、自分の中に開けたくない扉がある、ということを表してもいるんですよね。本来、女性ってこころとこころでつながって恋愛するから、本質的には性別なんて関係ないんじゃないか、と、わたしは本当に思っています。でも、反発する理由には、どこか、癒されることや解放されることへの抵抗感があるんだと思います。

みれい　ああ、そこも「受け取れない」という。第2チャクラが癒されていくと、本当の意味で、「個」の時代になっていって、どんどん自由になって、子どもは産める人が産んで、育てられる人が育てるという世界になっていくのかもしれませんね。

kai　本当に。第2チャクラが癒されていくと、人は自然と性的対象の視野も広がっていく気がしますし、もっと性への考え方もよい意味でオープンになりますよね。でもそこに向かうには、まずはそれぞれが第2チャクラの傷を自覚して、丁寧に癒していくことが大切です。癒されるとその人の輪郭（りんかく）がいよいよ現れ出てくる。「ありのままの自分」が現れると、愛を受け取れるようになるし、自分を愛せるようになる。そこから、本当の意味で人生が始まるのだと思うんです。

癒される過程は、気持ちがいい

みれい そうそう、ｋａｉさん、ここまで読んできた方々が、これから第2チャクラに取り組んでいくと、「えっ？　号泣しなきゃいけないの？」とか、「どれだけ傷と向き合わないといけないんだ？」とか、「思い出したくないこと思い出すんじゃないか」とか、「開けていない蓋を開けるのが怖い」という気持ちになる人がいらっしゃるかもしれないのですが、何かメッセージをいただけたらうれしいです。

ｋａｉ もちろん、無理する必要はないと思います。ストイックになる必要もありません。ただ、あくまでわたし自身の体験ですが、癒されていく過程の時間は、なんだか青春のようでした。自分を癒すことに一生懸命で、今思い返しても、キラキラと輝いている時間でしたね。癒される以前の生活も、それなりにたのしんではいました。でもわたしの場合、逃避でしかなかったんですよね。当時のわたしは、潜在的な傷から目を逸らしていた。そのことに、東日本大震災をきっかけに気づいたんです。湘南に移り住んで、浄化の過程で号泣するたびに、一枚一枚ボロボロの皮を剝いでいくような、スッキリする感覚がありました。何より、半身浴も瞑想も、あらゆるデトックスも本当に気持ちよくて。ほったらかしにしていた押し入れの中を、どんどん掃除していくような、そんな爽快な感覚もありました。自分の中が癒されて、整理されていくたびに、自分のことが愛おしく感じられて。だから、ぜんぜん、怖くないです。喜びばかりでした。

みれい うんうん。自分が自分にちゃんと寄り添っているって、安心だし、たのしいんですよね。濃密にご自身と向き合った期間はどれくらいだったんですか？

kai 1年くらいです。もちろん、今も、自分と向き合い続けていますが、集中的にすごく濃密に向き合ったのは1年くらい。きっと、この本を読まれている方も、もう第2チャクラの癒しが自然に始まっていて、だからこの本にであわれたんだと思うんです。すでに魂レベルで、第2チャクラを癒そうと決めておられるんだと思います。

自分という車のハンドルは、自分で握る

kai 元々、ひとりでチャクラ講座を開いていた頃って、第2チャクラは「ラスボス」で、最後に癒されていくチャクラだから、そこにとらわれないで大丈夫、って伝えていたんですよ。そうしたら、みれいさんは、「第2チャクラから講座をやりましょう」っておっしゃって。それがすごいなと。

みれい 自分にとっても第2チャクラがとても大きな課題だったからだと思います。実際、すごい人気でしたしね。

kai いや、時代が早くなってきているのを感じています。以前だったら「ラスボス」だし最終的に立ち向かうもの、と思っていたけど、今は逆から進んでいける。第2チャクラを探究できる時代が来たんだなと感じます。

みれい みなさんの準備ができたんだともいえるでしょうか。

kai はい。個の時代が始まったんだと思います。個の時代には、第2チャクラがちゃんと癒されて整っている必要がある。「私」が「私」にちゃんとなっていないと、個の時代なんていつまでもやってこない。個の時代がやってきたということは、第

2チャクラも同時に癒されなければならないんだなって。

みれい　両方かもしれないですね。第2チャクラが癒されてきたから個の時代がきているともいえるし。おっしゃる通り、個の時代だから、いよいよ第2チャクラにスポットがあたったともいえますし。わたし自身、「自分という車のハンドルは自分で握ろう」というメッセージをずっと言い続けてきたんですね。そうしてこの第2チャクラの知恵を知って、「やっぱり、そうだったか」という確信を得ることができて本当にうれしいんです。

kai　みれいさんが、そう思ったきっかけ、そういうメッセージなんだと辿り着いたのには何かあったのですか？

みれい　冷えとり健康法といったセルフケア、瞑想やホ・オポノポノ、そのほか自然療法などの知恵を実践する中で、人が主人公になって自分を大切にしていないことが、さまざまな不具合の根本の原因じゃないかと気づいたんだと思います。最後の最後は自分が自分を愛していないと何をやっても難しい、と行き着いた。

kai　『マーマーマガジン』自体が、「私」に戻っていくための知恵の本ですものね。

みれい　そうですね、だから編集しながら誰より自分こそが気づかされていった、というところが大きいです。かつての自分がまさに、操縦席に、自分以外の存在を座らせていた。そうじゃなくて、自分が自分という車の運転をする。そのことが巡り巡って、自分と全体の幸福につながる……そういう確信はありました。

kai それもすごいですね。動かされている感じ……。

みれい でも、いちばんは、やっぱり冷えとり健康法とのであいが大きかったと思います。衝撃を受けたんですよ。「現代人ってなんて自分以外のものに依存して生きているんだ！」「自分頼りにしないで、他人頼りにしているんだ！」って。自分で自分の暮らしを大切にしないで、困ったらすぐに薬だ、医者だって、人任せにする。自分も含め、現代人って信じられないくらい怠惰だな、と。冷えとりって、日々の習慣をしかるべきやり方で大切にしていれば高い健康を得られるという考えなんです。日々、食べすぎたり、自分のことばかり優先して、あるいは損得勘定で動いたりして、頭はカッカして、足元は冷たい、そんな心身を冷やすようなことを散々やってからだを痛めつけるのではなくて。そうではなくて、ちゃんと自分が自分という車の操縦席に座って、日々、頭に血が昇らないように、足元を温かくして、血と気が循環した状態で、調和的な精神で生きていたら、本当に何も心配がないように人間という構造はできているんだ、と。自然ってそういうふうに完全にできあがっていて、ただ、その完全さをかたちづくっている自然法則に従って生きたらいいんだ、ということに気づいていった時に、「操縦席に座ろう」ということを言いだしたのかなと思います。

kai すごい話です！ まさに真理というか。

みれい 自分で自分を大切にする。自分がまず自分を愛する。本当にもうこれだけなんです。大勢の現代人が、自分のことをほったらかしにして暮らして、外側に不平不満とか愚痴とか文句ばっかり言って、くよくよいじいじして生きている。冷えが取れてくると、からだの血と気の巡りがよくなるんですね。そうすると本来の自分が自然と現れてくる。本来の自分の状態の人が増えさえすれば、この世界もおのずとよくなるんだという思いだけで本をつくってきたようなところがあります。

kai たくさん助けられました。

みれい 何せ、この知恵で元気になったのが自分自身だったんです。若い頃はとにかく生きているのがしんどくて、同時に、こころの奥底で、そういう生き方が限界だとわかっていて、でもどうしようもなかったんですよね……。そんな自分を自分がいちばん救いたかった。

kai　そうなんですよね。こころのどこかではちゃんとわかっているんですよね。

みれい　はい。そうしてできることから少しずつ、冷えとりや自然療法を実践してみたら、実際に、心身が健康になるばかりでなく、自分というものを発揮できるようになって、気づけば自分は操縦席にちゃんと座っていてドライブできるようになっていた。生きるのが楽しくなって、みなさんも喜んでくれて……いい循環しかおこらなくなったんです。

kai　第2チャクラが活性化したんですね！

みれい　そうしてさらに、第2チャクラの知恵が、ますますこの法則は本当だと太鼓判を押してくれたと思います。第2チャクラが整って活性化してくると、kaiさんにスピリチュアルな能力が本格的に開花したように、どの人にもちゃんとそなわっている魅力や才能が発揮されるようになっていくと思うんですよね。それが、子育てという人もいれば、絵を描くという人もいれば、ただ誰かの話を聞く、という人もいれば、いろいろな形があると思うんですが、わたしは、何がしあわせって、「その人自身が安心して自分自身でいる状態でいられること」だと思うんです。誰かの期待に応えたり、自分以外の誰かみたいになろうとするのではなくて。あるいは、何かえらい人になったり、社会的に成功するとかではなくて。全員が、堂々と自分自身でいて、それが許されていて、全員が調和している世界。それがあたらしい個の時代なんじゃないかなと。それがそれぞれの大きさ、かたち、質でどんどん起こっていく気がしています。その大きな鍵を握っているのがまさにこの第2チャクラだなと。ｋａｉさんのチャクラ講座とであってこんなにすごい宇宙法則をこんなにわかりやすく伝えてくださる人が現れたー!!って感動しました。

ｋａｉ　うれしいです。チャクラの知恵が、今の時代に必要なのだと思います。

母親がいやがりそうなことをあえてやる

ｋａｉ　先日、みれいさんからいただいたメールで、すごくいいなと思ったのが、第2チャクラの癒しのために、すごくかわいいワンピースを買ったって。ちいさい頃、ボーイッシュな格好ばかりさせられていたからって。

みれい　そうなんです！　わたし、子どもの頃、男っぽい格好ばかりさせられていたんですよ。でも内心、ヒラヒラの服とか、ピンク色の服とか着たかったんです。それで、第2チャクラ講座を受けて、あの頃満たされなかった思いを今満たそうと思って。あの頃の自分に買ってあげるような気持ちで購入しました。淡いピンク色で、襟が水玉、そのほかがストライプっていう、80年代の服。買ってすごく癒されました。まさにセラピーですよね。

kai わかります！

みれい 絶対おかあさんが反対しそうな服。

kai それがすごくいいなと思って。第2チャクラって愛されないと育たないチャクラだから、無意識に母親から愛されるようなものを選んでしまう。おかあさんが「こうじゃないと愛さないよ」という条件を提示すると、子どもは愛されたいがために、知らず知らずのうちに自分を抑えてその条件を受け入れようとすることがあるんです。それと同じことを、大人になっても無意識にやっていることも多くて。パートナーや周りの人が「よい」と思う「愛され服」を無理に着てみたりして、自分がわからなくなっていく。大人になってから、子どもの頃着たかった服を自分で買って着るとか、欲しかったものを買ってみるとか、それってすごくセラピーにな

ります よね。子どもって、それを手に入れる、ということに意味があって、使う・使わないはどっちでもいいんですよ。自分が直感や衝動で欲しいと感じたものを、ちゃんと手にする。それを繰り返していくと、自分が本当に必要とするものとか、自分が本当に感じていることが、わかるようになっていくんですよね。

みれい 本当に、みなさんにもぜひオススメしたいです！　あと、すぐにできそうなことでいうと、自分のための時間を大事にするとか。ひとりで喫茶店へ行っておいしいコーヒーをゆっくり楽しむ時間をもつ、とか。なんでもいいんですけど、自分で自分を甘やかすとか、自分で自分を許す時間。どんなに忙しくても1日5分、10分自分を癒す時間をもつことも第2チャクラの癒しになりそうだなと思います。わたしにとっては朝晩半身浴しながら読書する時間、だったりするのですが。

kai 自分のペースで、自分のここちよさを優先してあげることって、本当に第2チャクラの癒しですよね。わたしはよく受講者さんに「おかあさんから自分が無意識に抑えられているということがあったら、おかあさんがいやがりそうなことをあえて選択してみてください」と伝えていたんです。「本当はこうしたいけど、おかあさんいやがるだろうな」「本当はこれを選びたいけど、おかあさんは嫌いだろうな」

ということをあえて選ぶんです。そのことで、「母親と自分は違う人間なんだ」という切り離しが、お互いの中でできるんですね。

みれい　すごくわかります！

kai　でもその話をすると、抵抗感をもつ方が結構いるんです。自分が母親側である場合、逆の立場を想像すると悲しいから、ということもあるとは思うのですが、抵抗を感じる、ということは、やはり無意識に抑えている部分はあるんだろうなと思います。

みれい　髪型とか、本当は変えやすいと思いますが、ものすごく抵抗する方っていますよね。ｋａｉさんは、わたしのワンピース体験みたいなお話ありますか？

kai　そうですね。わたしはさいわい男で、男性性も備わっているから、「母親とわたしは違う人間だ」と早い段階で認識することができたように思います。あとは、やはり自分が同性愛者である、ということも大きかったですよね。最初から親の期待通りには生きられない、という意味で。

みれい　はい。

kai　女性の場合は、難しいところがあると思います。母親とは同性だし、同一化がおのずと強くなりますから。

みれい　そうですよね。つい「理想の娘」やっちゃいがちですよね。無意識にね。

kai　それを自分も親もしっかりとわかることが大事かなと思います。

みれい　「違ったね！」「そうだね！」ってお互いにコクンとうなずきあってね（笑）。

kai　そうですね。要するに、お互いを尊重する、お互いに踏み込めないところがあるんだなと理解し合う、というのが大事だと思います。

みれい　人によっては、親の期待に応えて入った会社を辞めるということかもしれないし、親が納得する髪型をやめてみるということかもしれない。でも、親と自分を切り離す、プラグを外すきっかけは人それぞれありそうです。

閉じているチャクラに意識を向ける時

みれい　と、そうはいってもなかなか受け取れないという方も多いかもしれませんが。

kai　すごくわかります。ただ、チャクラは、手で触れるだけでも癒され始めるんです。下腹部に手を当てるだけでいい。「第2チャクラはこのあたり」と、こころの中で意識を向けるだけでもチャクラは少しずつ活性化を始めます。ですが、チャクラが深く傷ついていると、無意識にチャクラの傷から目を逸らしてしまう。癒されたいのに、癒されたくない。癒されるのが怖い、となってしまう。

みれい アクセルを踏みながらブレーキを踏んでしまう感じですね。

kai たとえば、第2チャクラ閉じすぎさんは、性的な行為を避けようとする人が多い、ということは講座の中でも伝えました。パートナーができて、性生活を健全に楽しみたい、とは思っているのに、好意を寄せられると気持ちが引いたり、いざ性的な場面になると抵抗感や罪の意識のようなものが生まれたり……。「求めているのに、行えない」というのは、チャクラの傷の深さからきているんですね。その傷が深ければ深いほど、チャクラの場所に触れる、ということすらできなかったりするんです。第2チャクラでいうと、自分の手で自分の性器に触れたり、自分で見たりすることができない、とか。

みれい そうなんですね。でも、まず、そのことも知識としてでも知っておくのは大きいかも。

kai 性行為を避けたり、嫌悪したりするというのは、第2チャクラが閉じすぎているときの反応なんですが、それは閉じすぎた結果として出ている「悪い反応」ということではなくて、「閉じているチャクラに意識を向けて」というメッセージと捉えてほしいんです。

みれい　何がいい・悪いではなくて、その人それぞれの進化の過程で、その時々で自分に必要なことが起きていく、と考えたらいいんでしょうかね。偶然はなくて実は必然で起きているというか。

kai　そうですね。回復させるために病気になる、ということとも似ていますね。これはまた別の話になりますが、相手との精神的なつながりがどんどん深まっていくと、愛情交換としての性行為は必要なくなっていくんですよ。

みれい　性行為自体しないというカップルの話も10年前くらいからよく聞くようになりました。仲が悪いとかいうわけでもなくて。

kai　若い人の中で、そういう人はどんどん増えてきていると思いますし、性行為を必要としなくなる時代は、やがて訪れると思います。ただ、性行為を避ける、嫌悪する、ということとはまたぜんぜん違う話なんです。恋愛や性行為に興味がない「アロマンティック（アセクシャル）」の感性を持つ人と、恋愛を避けたり、嫌悪したりする人とは全く違う、ということと同じですね。

みれい　自然になくなるということと、意識的に避ける、ということはまた別の話だということですね。

kai　はい。後者はメッセージなんです。

みれい　そう考えていくと、本当にここ10年くらいの間に、ものすごいスピードで人々の意識の解放が進んでいるなと感じます。第2チャクラにフォーカスがあたって、自分が本来、どういう人間だったのかを思い出し、受け入れ、大いなる自然に許されて受け入れられて、自立していく過程って壮大な癒しだなと思います。まさに、風の時代的というか。

kai　これまでは「チャクラの乱れ」によって社会が成り立っていたんですよね。でも今、それぞれの場所でさまざまな意識のクリーニングやケアが起こって、社会全体として癒しが加速しているのだと思います。

第2チャクラが癒される人が増えていく

みれい　冷えとり健康法では、富士山の形みたいに、上は薄着にして、下を厚く服装を着るというのがポイントなんです。それは元々、全ての存在が平等だという思想から来ている。社会全体が、「上に厚く、下に薄く」なっていることとのバランスをとるという意味でも、服装から下を厚くすると。で、日本が世界のホロン（相似形）となっているという話ではないですが、この冷えとりの考え方同様、子どもの側が癒されると全体が癒されるのでは？という思いがあって。第2チャクラを癒していくというのも、下を温めるという考え方そのものだなと感じているんです。

kai　愛をちゃんと受け取っている子どもは、足元がしっかりしていると感じます。だから、富士山のように下側が安定しているのが大切、ってすごくわかります。

みれい　からだでいうと下半身がどっしりしている、社会でいうと下の世代である子ども達、若い人達がエンパワメントされる、ということが、すごく大事なのかも。

kai　うーん、おもしろいです！

みれい　冷えとりも人口の何％の人なのか、ある一定の人数の冷えが取れたら、全体の冷えも取れるというふうに勝手に考えていて。だから第2チャクラも、癒される人が一定数になったら、社会全体の第2チャクラも癒されるんじゃないかな。

kai　はい。この本を読んで、多くの人の第2チャクラが癒されてほしいと思います。

みれい　少し前の話ですが、大自然の中にいたときに、「自分のいちばん弱いところが、自分を支えている」「自分のいちばん弱いところが強いところとつながっている」って、直感を得たことがあって。kaiさんも、以前は第5チャクラがすごく閉じていて弱い部分でもあったけど、今では第5が逆に開いて、人前でお話しされたり、こんなふうに本を書かれたりしている。だから、もし今「閉じすぎさん」が多いのだとしたら、ここから起こることが本当に希望そのものだなと思っているんです。気づいたらいよいよ反転するよって。まず、自分が自分をケアして愛することをしていく。あるがままの自分を受け入れられるようになる。自分の喜びのコップから愛が溢れていく。そうしたら、その愛で、誰かの「あるがまま」も認められるようになる。これがあたらしい時代の基礎になる。こういう知恵が開示されたこと自体、その始まりなんだと、とてもワクワクする気持ちでいっぱいなんです。

kai　本当にそう思います。こうして、第2チャクラに特化した講座や、本を出すことなるなんて、数年前は想像もできませんでした。何度も言うように、第2チャクラは「ラスボス」なので……。でも、その「ラスボス」に立ち向かう、いや、立ち向かうというよりも、許すときが、いよいよきたんだと思います。「ラスボス」を許せたなら、その時点で「ラスボス」は「ラスボス」じゃなくなる、というか。私は傷ついていた。でも、おかあさんも傷ついていたんだ。そうやって、自分も、母親も、この社会も、全部許すことで、敵ではなくなる。その「許す」という行為の別バージョンとして、セルフケアがあるんですね。第2チャクラを温めたり、意識を向けたり、第2チャクラを整えるハーブティーを飲んだりすることは、自分を許すこととイコールなんです。そしてそれは、過去の自分やおかあさんを許す行為でもあるんです。全てを許せたときに、「全ては完璧だったんだ」と思える。まさに、「自分のいちばん弱いところが、自分を支えていた」ということに、気がつくことができると思うんです。そうなると、自分の中の弱さが、強さだったり、持ち味だったりに反転していきます。これからの時代が、本当に楽しみです。

第2チャクラとわたし　みれい編

わたしも最後に、もう少しだけ過去のお話をさせていただきますね。

ここまでお話ししてきたように、わたし自身30代後半まで、閉じすぎと開きすぎの両極を行ったり来たりするような、第2チャクラズタボロ娘でした。若い頃の自分は、まさに、何かにつかまっていたい自分だったのです。

わたしの依存先は、アイドルでも焼き菓子でもお酒でもなく、ずばり、「彼氏」でした。決して「モテた」のではなく、「彼氏につかまり立ち」していないといられなかっただけです。足がガクガクブルブルの苗状態のまま大きくなった、ヒョロヒョロ娘でした。スケートリンクの手すりに捕まってヨロヨロと氷の上を歩くのが精一杯、みたいなイメージです。

「第2チャクラ閉じすぎ」の原因でいえば、母からかなりダメ出しをされて育ちました。

服の趣味、食べ方（食べるのが信じられないくらい遅すぎて、玄関から出されたこともあります）、もう何から何まで口うるさくしつけられました。昭和でしたしね。母は、24歳で結婚し、25歳でわたしを出産。母自身、底抜けに自信がなかったんだと本当にわかったのはこの数年のことです。母も、今の感性で言えば、祖母から虐待を受けていたと思います（機嫌が悪いと1週間くらい完全に無視されて、それが本当に辛かったとよく話してくれました。ネグレクトって最もしんどい虐待ですよね）。一方で父は年齢もかなり上で、堂々としていてよくも悪くも自信のあるタイプです。そういうわけで母は、父に気を遣い、世間にも気を遣い、その皺寄せの多くはひとり娘であるわたしに向けられたかなと思います。

　一見、「いい家庭」だったんです。でも密かに「うちはなんかビミョーにおかしい」と感じていました。何かのびのびできないっていうか、深く呼吸ができない感じ。幼少期は珠のように愛らしかったのに、小学校高学年頃のわたしの写真を見ると、顔色が悪く、どこかうつろでそれは不安そうな顔をしています。

　さらに、思春期の頃の我が家は最悪でした。母の傷がとことん肥大化したのでしょう、ある事件が我が家を襲いました。母はその時密かに、当時わたしが家出をして、髪の毛を金髪にするんじゃないかと思っていたそうです。今思えばそうすればよかったです。誰かのバイクの後ろに乗ってパラリラやればよかった。そんな勇気もないわたしは、何もかも自分の中に飲み込んで、表面上、「平気な顔」して生きていました。

しかし結局は、家を出た後完全に「第2チャクラ開きすぎ」の特徴が現れました。彼氏を取っ替え引っ替え、タバコ、お酒、クラブ通い、誰かのバイクの後ろにまたがる、みたいな日々でした。

20代のある頃から、とうとうこころを病みました。1年間完全な引きこもりになり、精神科通いは数年続きました。実際あの頃本当に死んでいたかもしれないです。20代後半からは、からだの症状も出てきました。肺結核になり、その数年後には潰瘍性大腸炎になりました。

それでも騙し騙し、なんとか社会に出ました。ただ20代全般、働きすぎでしたし、30代後半までめちゃめちゃ貧乏でした。編集者になった初日にせっかく「アダルトチルドレン」という言葉を知ったのに、思いっきり他人事でした。今自分が目の前にいたら「あなたが誰よりアダルトチルドレンなんだよ、今すぐ癒して」って言ってあげたいです。それくらい自分のことを放りっぱなしでした。本質をつかみ切れない、どこか嘘っぽい感覚で、いつも何か上っ面だけでごまかしているような、こころからの安心感もなければ自信もない、そんなチャラい自分でした。呼吸もうんと浅かったと思います。

一体何が転換点だったのでしょうか。

今思えば、やっぱり30代前半の結婚そして離婚です。あの頃、「もうこれ以上最悪なことはないというくらい最悪だ」と感じていました。でも、全て、自分が招いたことでした。そして何より、あの時「どん底」にタッチできてよかった。離婚をしなければ、自分の足で立とうとは思えなかったからです。いや、その後もまだ、依存癖は続いていました。一気に0－100で自分が変わるわけじゃないのです。それでまた違う誰かを頼ってみたりしながら、でも、少しずつ自分の足で立っていきました。

最後の大きなきっかけは、『マーマーマガジン』を創刊したことです。雑誌を立ち上げるという勇気を出した直後に、ある人からあるがままの自分を受け入れてもらうような体験をしたんです。人に丸ごと受け入れられたことによって、低すぎた自己肯定感がぐんと高まりました。

同時に、「冷えとり健康法」を本気で実践しはじめました。朝も夜も、時には昼にも半身浴をし続け、下半身をあたため続けました。さらに瞑想を習慣にし、できるセルフケアは全部やり、セラピーと名がつくものは何でも受け、自己免疫力を高めて元気になっていきました。そうして本文でお話ししたように「くされ縁」の人物とも離れるできごとが起こりました。本当に、種火で、少しずつ、でも、確実に、第2チャクラが整っていったのだと思います。わたしがわたしに存分に構ってやったからです。そうして今の自分があります。

もう15年以上、薬を飲んでいないし、医師にもかかっていません。じっくりじわじわ必要な時間をかけて、心身はすこぶる元気になりました。２０１３年には公私ともに歩むパートナーにも恵まれました。でも、もう、パートナーの顔色をうかがうことはありません。人間関係もおかげさまで良好です。経済的にもそれ以外のことでもとても豊かになりました。受け取れる自分になったんだと思います。何はなくとも安心という感覚がずっとあります。「あることも楽しめる。ないことも楽しめる」という感覚です。

もちろん、今も、チャクラケアをしている真っ只中です。死ぬまで続くものですよね。中庸に向かう旅の中で感じること、気づくことが、地球で受け取れる宝ものじゃないかなと思っています。何より、わたしの本質は、魂＝ハイヤーセルフだった。その魂は、ちゃんと全部わかっていた。魂は、どんなときも完全である。このことがわかるだけでも、余計な力が抜けて、必要なパワーが湧いてきそうです。

第2チャクラを癒したら、誰もが手すりから離れてスケートリンクへ出ていって、自分らしく舞う体験をするんだと思います。その時もう誰かの真似っこではなくて、自分自身であるということに心底安心な気持ちを抱いているに違いありません。

自分を愛している状態って、何か特別な大袈裟なことではなくて、ごくごく自然な、無色透明で嘘のない、ただ在るだけで満足みたいな感じになることではないかな。これをしあわせと呼ばずに何をしあわせというんだろうとも思っています。

ka・iが解答！
第2チャクラQ&A

Q1 閉じすぎと開きすぎ、両方の特徴があるのですが？

A1 「閉じすぎ」の状態と「開きすぎ」の状態が、どちらも極端に現れてしまっている場合、そのチャクラがものすごく傷ついていることを表しています。

「陰極まれば陽に転じ、陽極まれば陰に転ず」っていう言葉がありますが、このことを東洋思想では「陰陽転化」と言います。片方に極端に偏ると今度は他方へと一気に傾く、そしてまた極端に偏ると他方に一気に傾く。人のからだはそうやって自然とバランスを取ろうとするんですね。これはチャクラにも当てはまることで、たとえば、第2チャクラが極端に傷つくと、まずは閉じすぎに一気に傾き、その後、開きすぎに一気に傾く。そしてまた、閉じすぎに一気に傾く。傷の深いチャクラは、シーソーがギッコンバッタンとかわるがわる両極に傾くように、「陰陽転化」を繰り返すんです。このような場合、より真剣に、チャクラケアに取り組んでもらいたいです。

Q2 母から傷つけられた記憶がない場合は？

A2 おかあさんのおなかの中にいるときに、おかあさんを通して、傷つく場合も。

おかあさんが妊娠中に、とてもストレスを感じる体験をしたとします。たとえば、夫から暴言を浴びせられる、とか。チャクラの視点では、妊娠中の女性はおなかの中の子どもと一体化しているので、おかあさんの状態が、そのまま子どもに反映されてしまうと考えるんです。あとは、おかあさんが妊娠中に「なんで妊娠なんてしてしまったんだろう」「こんな子いらない」と強く思ったとします。その思いはそのまま子どもに伝わって「自分は望まれていない」という強いショックを感じる。いずれにしても、胎児期のトラウマとして、生まれる前にチャクラが傷ついてしまいます。
もしくは、深い傷であるほど、記憶を封印していることもあり、セルフケアを続けていくと思い出すことがあります。生まれる前の別の人生、要するに「過去生」で第2チャクラが傷ついた可能性もあります。

Q3 父親の影響は？

A3 父親の影響は、第3チャクラの成長期に反映されていきます。また、父親を含む家庭環境全体の影響は、第1チャクラの成長に関係していきます。

Q4 性的虐待をされても癒すことはできますか？

A4 もちろんです。ただ、時間はかかるかもしれませんし、専門機関などで信頼できる人の力を借りる必要があるかもしれません。いずれにしても、癒されたい、という想いがあるのなら、必ず希望があります。

Q5 アロマを焚いたり、ハーブティーを飲んだりするのが面倒です……

A5 たとえば、あまり好きではないし、会うことにメリットを感じられない知り合いにご飯に誘われたりした場合、「面倒だな……」と思っちゃったりしますよね。それと同じで、自分に対する期待がなかったり、自分のことが好きになれなかったり、自分に価値を感じられなかったりすると、そんな自分にわざわざお金や時間をかけてあげることに、メリットや意味を見出せないんです。それはセルフケアも同じこと。「面倒くさい」と感じて取り組めないんですね。ですが、「私」という存在には、お金も時間もかける価値があります。無理は禁物ですが、興味があるのなら、ぜひまずはトライしてみて。

Q6 家族の第2チャクラを癒したいです

A6 「家族が変わってくれたら、自分は楽になれるのに」。そう感じることはよくあります。でも、まずはご自分のことに取り組んでみてください。自分が癒されて内面に変化が起きると、周りにも必ずよい影響があります。

あとがき

最後はｋａｉから皆さんに、感謝と共にお伝えしたいことがあります。もう少し、お付き合いくださいね。

「チャクラのケアなんて、やる時間ない。どうせやっても変わらないし、めんどくさい」

Ｑ＆Ａの質問にもありましたが、そう思う人はたくさんいます。

「やっても変わらない」「めんどくさい」の奥にあるのは、「自分なんて大切にしてもしょうがない」「自分のような人間に期待したってしょうがない」という思い込み、だったりします。知らず知らずのうちに、家族から、そして社会から、「私という人間には価値がないんだ」と教え込まれてきたのかもしれません。